密教スタディーズ

Studies Buddhism

勝又俊教
Katsumata Shunkyo

春秋社

伝真言院胎蔵界曼荼羅(東寺蔵)

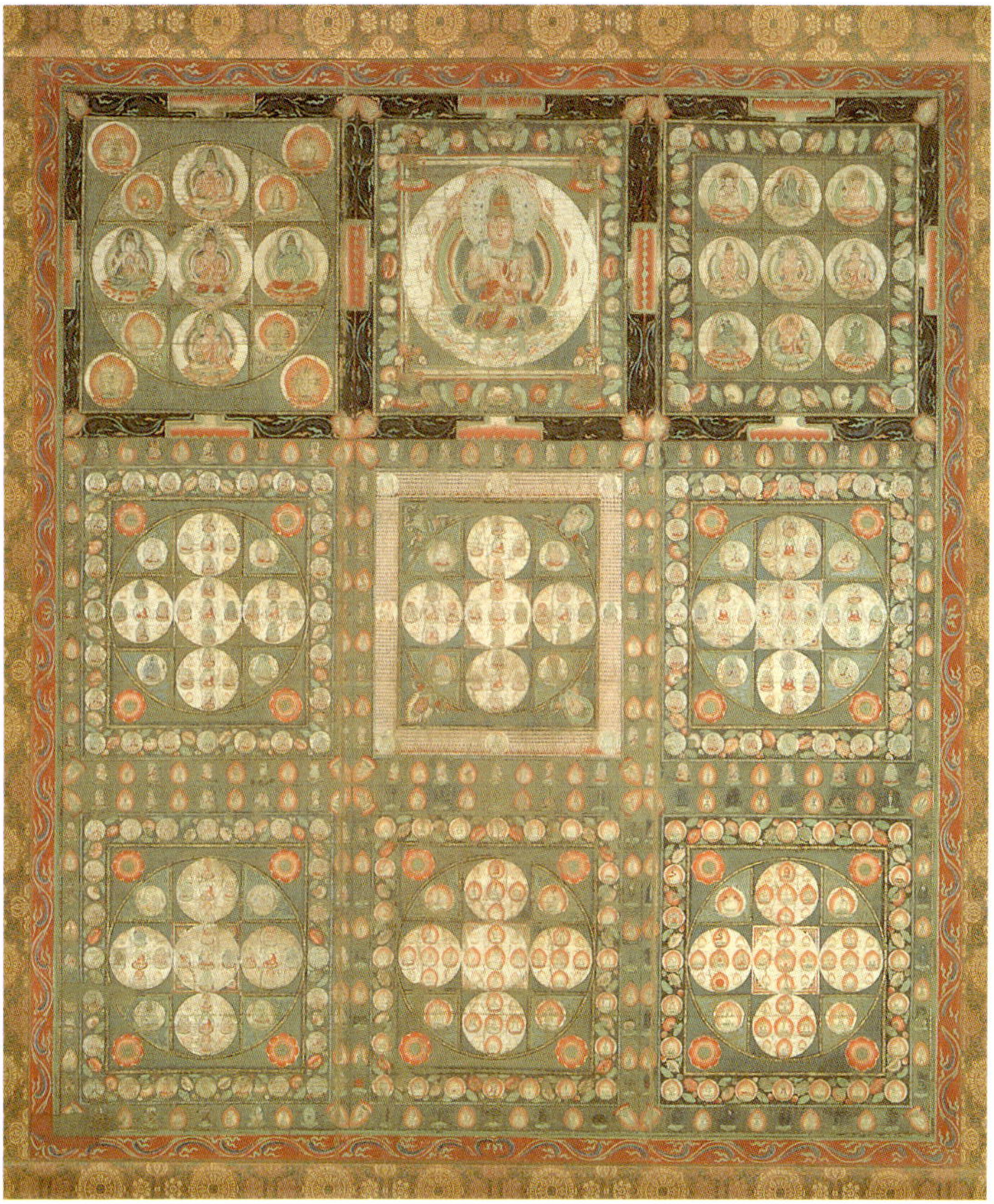

伝真言院金剛界曼荼羅（東寺蔵）

スタディーズ 密教

目次

第一部　密教のあらまし……3

第一章　密教とは　5

一　密教・真言宗の意味　5

密教――仏教の一流派　インドにおける流派の名称　空海の用語

真言宗

二　密教の分類　12

地域別に見る密教の分類　インド密教の分類

第二章　密教経典の成立と特色　20

一　密教の源流――インド古代のヴェーダの宗教　20

二　仏教のなかでの密教の発展過程　22

原始仏教　部派仏教から大乗仏教・密教へ　密教経典の成立過程

三　密教経典の分類　26
胎蔵法部　金剛頂部　諸経部　菩薩部　明王部　天部
四　密教経典の特色　29
経典と儀軌　密教経典は陀羅尼蔵　密教経典に説かれる密教的なもの
信仰の対象　観法と祈願
第三章　中国密教の成立　36
一　密教経典の訳出――三国時代から初唐時代　36
二　中国密教の成立――中唐以後　37
善無畏　金剛智　一行　不空　恵果
第四章　奈良時代の密教　42
密教経典の伝来　密教弘通の状態

第五章　空海の入唐求法と真言宗の開宗　45
一　若き日の修行　45
二　入唐求法　48
三　新しい密教──真言宗の開宗　52
高雄山寺時代　高野山の開創　東寺の経営　社会的活動
文芸方面の活動
第二部　真言密教の思想……59
第一章　密教思想の組織化　61
第二章　密教思想の教判　64
一　真言密教の教判　64

二　顕密二教の教判　65
能説の仏身　所説の教法　修行の方法　成仏の遅速　教益の勝劣

第三章　十住心の思想　74

一　十住心の思想の構成　74
十の住心　異生羝羊住心　愚童持斎住心　嬰童無畏住心
唯蘊無我住心　抜業因種住心　他縁大乗住心　覚心不生住心
一道無為住心　極無自性住心　秘密荘厳住心　九顕一密と九顕十密
二　十住心思想の特徴　84
人の心の諸々相　比較思想論的考察　心の曼荼羅

第四章　真言密教の仏陀観　88

一　総説　89
釈尊から諸仏諸菩薩へ　統一的な仏陀観の成立

二　本尊――具体的信仰の対象　95
三　大日如来と四仏　97
四　仏身観　100
一身説から二身説へ　二身説から三身説へ　密教の仏身観――四身説
五　信仰の対象　103
如来部（仏部）　仏頂部　仏眼部　金剛部　菩薩部　明王部
天部
六　八祖　112
付法の八祖　伝持の八祖
七　曼荼羅　114
1　曼荼羅の成立と意味
2　両部曼荼羅
胎蔵界曼荼羅　金剛界曼荼羅
3　四種曼荼羅

大曼荼羅　三昧耶曼荼羅　法曼荼羅　羯磨曼荼羅　曼荼羅の拡大解釈
4　心の曼荼羅
5　別尊曼荼羅

第五章　真言密教の人間観　139
一　空海の求法の中心課題　139
二　迷悟的存在としての人間　142
三　心の本性の探求　143
四　心性本浄思想の源流　145
五　さとりとは――秘密荘厳心・心の曼荼羅　148
六　凡聖不二　150
七　自心仏思想　151

第六章　即身成仏への道――真実に生きる道　156

一　帰依三宝　157
二　発菩提心　158
三　菩提心戒を保つ──三昧耶戒　160
菩提心戒（三昧耶戒）の意味　菩提心戒を身につける方法
菩提心戒を保つことの意味
四　菩提心の内容　163
信心　勝義心　行願心　大菩提心
五　浄菩提心を観ずる観法　166
月輪観　阿字観
六　四重禁戒　171
七　十善戒を守る　174
八　菩提心戒と従来の戒との関係　177
九　四恩──知恩・報恩　179
十　四摂の利他行　183

布施　愛語　利行　同事

第七章　即身成仏思想――原理と実践　189

一　即身成仏思想の源流　189
二　『即身成仏義』の成立　190
三　六大無礙　192
六大　六大体大・六大能生　六大無礙　六大縁起
四　四曼各不離　196
四種曼荼羅　曼荼羅的世界観　四曼各不離
五　三密加持　199
三密　三密加持成仏
六　即身の意味　202
七　体・相・用の三大　203
八　一切智智・五智・実覚智　204

九　三種即身成仏　205

第八章　密教の特性　206

一　神秘性（深秘性）　206
二　象徴性　209
三　呪術性　211
四　事相と教相　212
五　攘災招福と即身成仏　215
攘災招福　速疾成仏・即身成仏

スタディーズ　密教

第一部　密教のあらまし

第一章　密教とは

一　密教・真言宗の意味

密教――仏教の一流派

「密教」というと特殊なものだと思いがちですが、仏教のなかの一つの流れとして密教があります。仏教からはみ出てはいない。はみ出てはおかしいのです。これは後で申しますが、ヒンドゥー教などインドの諸宗教とのかかわりを持つことはもちろんありますが、仏教の流れのなかで特殊な発展をした一つの秘密仏教というふうにとらえていけばいいと思います。

「密」というのは、ここでは秘密の意味の密です。「秘密」という言葉はインドのサンスクリットではグフヤ（guhya）という言葉がよく用いられますが、そういう言葉を訳して秘密あるいは密と使うようになったのです。したがって「密教」といってもいいし「秘密仏教」といってもいいわけです。その意味は、体験の深さを強調するから秘密教とか秘密仏教とかいうのです。いわゆる「深秘の教え」という意味が含まれております。

また、密教というとすぐ「顕教《けんぎょう》」という言葉が対照的にいわれます。事実、弘法大師空海以後の日本の真言密教では、必ずこの顕教と密教という相対する言葉が用いられて、顕教に対して密教がどういう特色を持っているかということなどがずいぶん研究されております。空海の書いたもの、あるいはその後の天台の学者などの書いたもの、平安末期における覚鑁《かくばん》上人（興教《こうぎょう》大師）の顕密差別《けんみつしゃべつ》のことを論じた書物などずいぶん多くあります。ですから、そういうものを通して、顕教に対して密教の特色はどこにあるのだろうかというようなことがかなり研究されております。この点は密教思想のなかに立ち入って考えるときにもっと具体的にお話しをしたいと思います。

インドにおける流派の名称

密教はインドで発達し、そして中国、日本に伝わり、またチベットに伝わり、それぞれ独自の展開を示しております。まずインドで一般的に用いられている呼称は、バジュラ・ヤーナ（vajra-yāna）といい、金剛乗《こんごうじょう》と訳されるものです。

また、大乗の発展の中でさらに発展の深まりを示した金剛のような大乗だということで、自分の立場を誇称してバジュラ・マハーヤーナ（vajra-mahāyāna）、金剛大乗ともいいます。『大日経』にも大乗という言葉が使われております。そのときの大乗は、『大日経』以前の大乗ではなくて、その発展形態としての「わが大乗」という意味の大乗です。

また、真言を用いたり強調しますから、マントラ・ヤーナ（mantra-yāna）、真言乗という呼称もあります。

また、密教の経典のことをタントラ（tantra）といい、したがって密教をタントリック・ブディズム（Tantric Buddhism）、あるいはエソテリック・ブディズム（Esoteric

Buddhism）ともいいます。七世紀以降、密教の最後の頃（十二世紀頃）までの密教の文献をタントラという言葉で総称し、それにもとづいて、密教をタントラの仏教だ、タントリック・ブディズムだというわけです。

タントラという言葉はあまり聞き慣れないと思いますが、スートラといえばお経だとすぐおわかりでしょう。スートラ（sūtra）を経とか契経《かいきょう》とか訳しているのです。本来、スートラもタントラも織物の織糸という意味ですが、スートラが縦糸だとすれば、タントラは織機または縦の糸を整えることで、要するに「あるものをまとめたもの」という意味です。仏教聖典のなかでスートラというと仏説のものをいいます。論師が説いたものが論書《ろんじょ》です。論書というのは経・律・論というときの論で論師の説いたもの、経は仏の説いたもので、その経がスートラです。

それに対してタントラという場合は、やはりスートラと同じく経典なのですが、仏説ということではないのです。教えには違いないのですが、行法を実践するというような内容をもつものなのです。つまり、密教というのは修法をしたり観法をしたりいろんなことをやります。非常に複雑な修法をやるわけです。その儀礼を説いた文献を儀軌《ぎき》といいますが、そういったいろいろな宗教的な実践を内容とする仏教文献という意味で、タントラという言葉が使われるようになったのです。

空海の用語

弘法大師空海は密教の大成者だといわれるだけあって、言葉の使い方がまことに豊富なのに驚きます。弘法大師の著作の全体を通して、どのような言葉が用いられているか、空海がなにを一番使ったかということを見てまいりますと、いろいろな分類ができるのです。

「真言宗」というのは、ご存知のように、空海の開いた宗派の宗名のことです。ところが、空海の書物のなかでは、ほかにも、真言密教、真言秘教、真言乗教、真言秘密蔵、真言法教などという言葉が自由自在に用いられております。ですから、「真言」という字を上につけただけでこんなにいろいろな表現があるのです。

また、空海は「密教」という言葉を一番多く使うのですが、その密教という系列の言葉では、秘密乗、秘密仏乗、秘密一乗《いちじょう》、秘密金剛乗、秘密真言蔵、秘密曼荼羅《まんだら》教などという言葉を用いるのです。ですから、空海という人は密教の大成者であるし、密教を本当にわがものとした思想家でもあり、実践家でもあったのですが、言葉についてもそれぞれ密教を特徴づける言葉を用いております。

また、空海は「金剛一乗」ともいいます。一乗仏教というときは、法華一乗、華厳一乗などといろいろありまして、一乗仏教というのは諸宗の人が強調してやまなかったのです。最高の教えだというわけです。それに対して空海は金剛一乗だ、それがわが真言密教だということを強調しているのです。

ですから、最初に「密教とは」といいましたが、空海のところまで来ると、まことにいろいろな表現を用いて、そのそれぞれにいずれも深い意味をもたせているのです。

真言宗

先ほども申しましたが、密教が日本の宗派として定着してまいります一宗の名称は真言宗です。このように定着するにはそれなりの理由があったのです。不空《ふくう》三蔵の訳した『分別聖位経《ふんべつしょういきょう》』という小さなお経のなかに真言陀羅尼《だらに》宗とはどういう意味かという文章があります。その「真言陀羅尼宗」という言葉に注目して、空海はヒントを得たのです。「陀羅尼」をとりさって「真言宗」という言葉ができたのです。こうして空海は宗名を真言宗とした。つまり、平安初期に中国から持ってきた密教を日本の仏教の諸宗のなかに位置づけるために、一つの名称を必要としたのです。天台宗というものに対して、自分の方は密教とはいわなくて真言宗といったのです。そして真言の言葉の意味づけというものを空海はその著作のなかで、じつによくやっているのです。

サンスクリットでは、マントラ（mantra）という言葉を「真言」と訳す場合がよくあります。マントラというと、古い意味では神々に捧げる讃歌、神を讃える短い言葉です。これはヴェーダなどの宗教にもすでにあります。そういう言葉があるし用法もあるのですが、空海のところまで来ますと、それは「真実語」だというように理解するのです。また、「如義語《にょぎご》」ともいいます。如義というのも真実と同じ意味です。「義の如く」というのは、真理の言葉、真実の言葉です。法身《ほっしん》大日如来の自内証《じないしょう》（みずから悟った内容）そのものを説き明かした真実の教え、真実の言葉、それが「真言」だという意味に解釈します。ですから、だれも信じて疑わない、宇宙の真理そのもの、仏の悟りの内容そのものを教えのなかに示している。そういう法身説法の教えを中心とする一つの宗派を「真言宗」と空海は位置づけたのです。

そういうわけですから、「密教とは」といいましても、言葉はインド的な場合、中国的な場合、それから日本に来てからというふうに用法も多少違うし、意味づけも多少違ってきております。

二　密教の分類

地域別に見る密教の分類

密教という場合、インドから中国、日本、あるいはチベット、モンゴルというふうに地域的な広がりがあり、長い歴史的な発達変遷があります。ですから、私は学生に、簡単に密教とはいえない、密教といった場合はどこの密教か限定しないといけない、ある特定の思想について明確にすることが必要であるとよくいいます。しかし発達変遷を細かくいうのは大変ですから、たとえばインドでしたら、ここでは大ざっぱに「インドの密教」ということにします。

インドの密教は一千三百年の歴史があります。密教は原始仏教時代から十三世紀の初めまで、初めは細々と、七世紀以後は急速に発展しているのです。このように、インドの密教は長い歴史をもっています。

それから中国に伝わった密教は、漢訳経典による密教です。初めは三世紀頃で、訳経によってその密教の思想がわずかに弘まっただけでしたが、八世紀、中唐頃になると密教経典の伝訳も盛んになり、密教という一宗が諸宗の間に独立し、発展したのです。そしてその系列の密教が、やがて日本の密教となるのです。

日本の密教は中国密教の伝来によるのですが、奈良時代にはまだ一宗の独立を見ず、平安時代の初め弘法大師空海によってはじめて一宗独立の真言宗が成立したのです。しかしまた、伝教大師最澄の開いた日本の天台宗には天台密教というものがあります。天台宗は『法華経』だけかというとそうではなく、密教をもあわせて学び、『法華経』と密教とは同じ高い思想的立場に立つと考えたのです。これを円密一致といいます。これをわかりやすくいいますと、天台密教は「台密《たいみつ》」で、真言密教は「東密《とうみつ》」といいます。

この場合、東は京都の東寺をさします。高野山の密教といってもいいわけですが、ある時代に東寺が真言宗の一番の中心になり、東寺の長者が真言宗の代表であり、他の大きな本山を統制することがあったのです。そこで東寺が真言宗を代表する意味から、東密といったのです。ですから、日本密教は東密と台密との二つの流れがあります。

またチベットへ伝わった密教の流れもあり、多くの経典のチベット訳と密教の弘通《ぐつう》、そしてチベット密教の発達・変遷があります。

インド密教の分類

インドにおける密教の発生・発達・変遷について、直接的にインド文献によって明らかにすることは不可能です。それは広くインド仏教についてもいえることです。なぜかといえば、インド文献としての仏教文献も密教文献もほとんど現存しないからです。そこで、不充分ながら中国に伝訳された文献資料に基づいて、インド仏教、あるいはその一部門としての密教の経典の成立史を推定することになるのです。インド密教経典の成立史については、後の中国密教の成立史の概観のところで考えることにしましょう。

ここではインド密教について、内容的に区分して考えようとする傾向があることに注意してみると、中国・日本での分け方とチベットでの分け方の二つの分け方があります。

(1) 中国・日本での分類の仕方

まず中国、日本の人たちが考えたり取り決めたりしたものでは、密教を「雑部密教《ぞうぶ》」と「純粋密教」とに分けるのです。その場合はインド密教の流れのなかで、古い密教から六五〇年頃までの間に成立したものを、経典の内容から見て、これらを一括して雑部密教といいます。そして玄奘三蔵がインドへ行って帰ってきた頃、あるいはその直後、六五〇〜七〇〇年頃、『大日経』と『金剛頂経』が成立しますが――それらの経典は、その内容から見て純粋密教というのです。これも厳密にいうといろいろ問題がありますが、成仏あるいは即身成仏を強調している、また摩訶毘盧遮那仏《まかびるしゃなぶつ》（大日如来）という仏が登場して信仰の対象となる、あるいは釈迦牟尼仏が説いたのではなくて、法身大日如来が説いた経典だとされている経典です。

純粋というのは何が純粋か。密教というと、ややもすると正統の仏教からはずれているように思われがちなところもあるので、そうではないのだ、釈尊以来の仏教の流れ、大乗仏教の発展の延長線上にあって、しかも最も素晴らしく優れたものが密教の正統の流れだというふうに評価し、位置づけることを、中国、日本の学者たちがやったのです。それが純粋密教だということです。

雑部というのは、少し雑なというか、いろいろなものというか、言葉のうえではいろいろありますが、そのへんにも密教の一つの特徴はあります。いずれにしても雑部密教と純粋密教という分け方をするのです。あまり厳密ではないのですが、全く区別しないのも何となくおかしいという場合には、こういう区別の仕方が今も行われているのです。

(2) チベット仏教での分類の仕方

ところが、チベットでのインド密教についてのとり扱い方はかなり進んだ扱い方をしています。チベットの伝承では、千三百年ぐらいのインド密教の歴史を区分するとすれば、第一期から第四期まで四つの時期に分けて考えられるというのです。

その第一期は作《さ》タントラ（クリヤタントラ Kriya-tantra）といっています。クリヤ（作）というのはいろいろな宗教的な行為、つまり修法の作法を中心としたもので、そういうものを書いたタントラが成立した時代という意味なのです。内容的にいうと、このなかには密教の重要なものがほとんど入っているのです。呪法、陀羅尼《だらに》、印契《いんげい》（ムドラー mudrā）などいろいろな修法の作法、曼荼羅《まんだら》などもすでに説かれたりしていいます。ただ、即身成仏あるいは速疾《そくしつ》成仏ということはまだあまりいっていないのです。修法（修作）する、そして、どちらかというと現世利益的な、人々の願いはいくらでもかなえてくれる祈願的な修法で、呪文を唱え、陀羅尼を唱えればすべて救われるとか、災難からも救われるという密教です。それが第一期の密教だというのです。六五〇年ぐらいまでのものを一つにまとめて第一期といいます。

第二期が行タントラ（チャリヤタントラ Carya-tantra）です。チャリヤというのは「行」と訳します。大乗仏教のいろいろな修行という意味ですから、修法だけではなくて、広い意味の修行もするし、理論づけもする。理論づけというのは大乗仏教を踏まえて、そのうえでいろいろ考えていく。経典の内容がそうなっております。ですから、修行と理論の両方面を説いている。これは『大日経』などを読んでみるとよくわかるのです。そこで具体的には『大日経』などをさします。チベットの伝承でいうと、これが第二期です。

第三期が瑜伽《ゆが》タントラ（ヨーガタントラ Yoga-tantra）となっています。これはヨーガを中心とする密教です。ヨーガとかサマーディ（samādhi）とかいいますが、いわゆる禅定をして精神を統一し、そうしたなかで仏と我れとが合一するということを強調する、これをヨーガの密教といいます。それの代表的なものが『金剛頂経』ということになるのです。ですから、『大日経』と『金剛頂経』は年代的にもちょっと違います。『金剛頂経』の方がすこし後の成立といわれております。しかも、内容的には大日如来が説法する。そして即身成仏を説く。そういう意味では純粋密教（純密）ですが、いわばその純密を前半と後半との二つに分けて、その後半に当たるものです。

ここで大変問題になるのは、中国、日本の仏教で申しますと『大日経』と『金剛頂経』を「両部の大経」とか「両部不二《りょうぶふに》」といい、それが今日の真言宗の伝承ですが、チベット仏教の考え方からいうと、これは違うのだというのです。その前と後、いわばチャリヤタントラとヨーガタントラの違いがあるのだということをチベットの学者は指摘しているわけです。最近の密教の研究者はこういう点に非常に真剣に取り組みまして、日本の密教、空海の密教も見直さなければならないといっています。学問的には私もそうだと思います。しかし、それは日本の密教では純粋密教という一つの枠の中へおさめているのです。

第四期が無上瑜伽《むじょうゆが》タントラ（アヌッタラヨーガタントラ Anuttara-yoga-tantra）です。これはいわゆる後期密教といっており、いろいろな変遷があります。日本の密教には全く影響がない、いわゆるタントリズムといって、インド、欧米の学者の研究する領域はほとんどがこのへんですが、七五〇年から一〇〇〇年くらいまでの傾向をまとめて、無上瑜伽タントラといっております。快楽思想とか左道密教とかさまざまな発達変遷もこの最後の、いわゆる後期密教のなかで行われているのです。それは中国、日本の密教にはほとんど影響を与えることはなかったのです。

そういうわけでインドの密教の長い歴史を見ますと、中国、日本では、雑部密教と純粋密教という割合に単純な分け方ですが、チベットの四つの時期の分け方のほうがインド密教をよく見つめていると思います。ですから、密教を分類するときには、どこの密教をさすかということを必ず前提として考えなければいけないということです。

第二章　密教経典の成立と特色

密教という場合、密教経典はどのくらいあるのか、いつの時代に成立した文献が最も多いのか。これは専門的に研究すると長い時間を要するのですが、ここではその大筋をお話ししたいと思います。

一　密教の源流——インド古代のヴェーダの宗教

密教経典の成立を考える場合、最初に密教の源流という問題があります。それは、密教は釈尊が説かなかったのかとか、釈尊時代にあったのかどうかという議論が最初から出てくるのですが、今日いわれる密教の源流（根源的なもの）というのは、実はインドの古代のヴェーダ（Veda）の宗教のなかに見出されるのです。

細かくいうといろいろあるのですが、その一つの特徴はマントラ（mantra）を口ずさんで神々に攘災招福《じょうさいしょうふく》、災いのないように、幸せを招くことができるようにと祈願をする。これは、ヴェーダが後には四つのヴェーダに発展しますが、それらを通じて神々に祈ることが説かれています。さらにバラモン教の成立時代になると、いっそう盛んに神神への祈願が行われたのです。いわゆる多神教時代といわれます。神々に祈願をする場合にマントラを唱えるというやり方は、後の仏教のなかの密教でも、かたちのうえではそのように行われています。信仰の対象となる神と仏教の流れの密教の仏とは違うのですが、自分の生活のなかで願いをかなえたいという人間の心情は、時を超えて昔も今も同じなのです。インドの人々は仏教以外の人もまたインド人である限り、現世利益的な願いということはあったはずです。そういう意味での共通な源流です。

一例をあげますと、火天供養《かてんくよう》の護摩《ごま》法の起源はバラモン教にありますが、それが密教のなかに受けつがれ、やがて真言宗でも護摩法が盛んに修せられるようになっています。

二　仏教のなかでの密教の発展過程

原始仏教

次に、密教が発展する経過をきわめて大ざっぱに申しますと、密教は、釈尊の時代から孫弟子の時代（原始仏教時代）にその萌芽があると指摘していいと思います。原始仏教経典のなかにはすでに、釈尊は世俗的な呪術、密法、呪文を唱えることはやってはならないと禁じたと書いてあります。しかし、それはいけないといいながらも、信者のなかで災いはない方がいい、幸いは受けた方がいいという気持ちがありましたので、毒を消したり痛みを治すこと、たとえば歯が痛いときに痛みを治す呪文を唱える人があれば、それはそれでいいだろう、あるいは防護呪（パリッタ paritta）という呪文を唱えて災害を免れるというのはだめだと否定することはなかったといわれています。

結局、いつの時代でも何かに頼って身の危険から逃れたいというのは同じだと思います。何かに頼りたいということであれば、それも度を越さなければいいとか、それがそういう形をとりながら精神的に安定するものなら、それも悪くはないということになるわけです。

部派仏教から大乗仏教・密教へ

部派仏教から大乗仏教の中期まではかなり長い時間ですが、その時代に密教経典はだんだん多くつくられました。つくられたということは、それが広められているということです。つくっただけではなくて、つくって広められて、密教を信ずる人、実践する人人が多くなったのです。そして大乗仏教の後期になると、いよいよ急速に密教経典が数多くつくられて、インド仏教史上、いわゆる密教時代に突入することになります。

密教経典の成立過程

密教経典の成立過程をお話しするために、経典の数、翻訳年代を基準にして次頁に図表にしてみました。これはインドの密教ですが、インド資料なりインド文献からはとてもわかりませんが、中国で訳された漢訳仏典のなかに密教経典といわれるものが分類さ

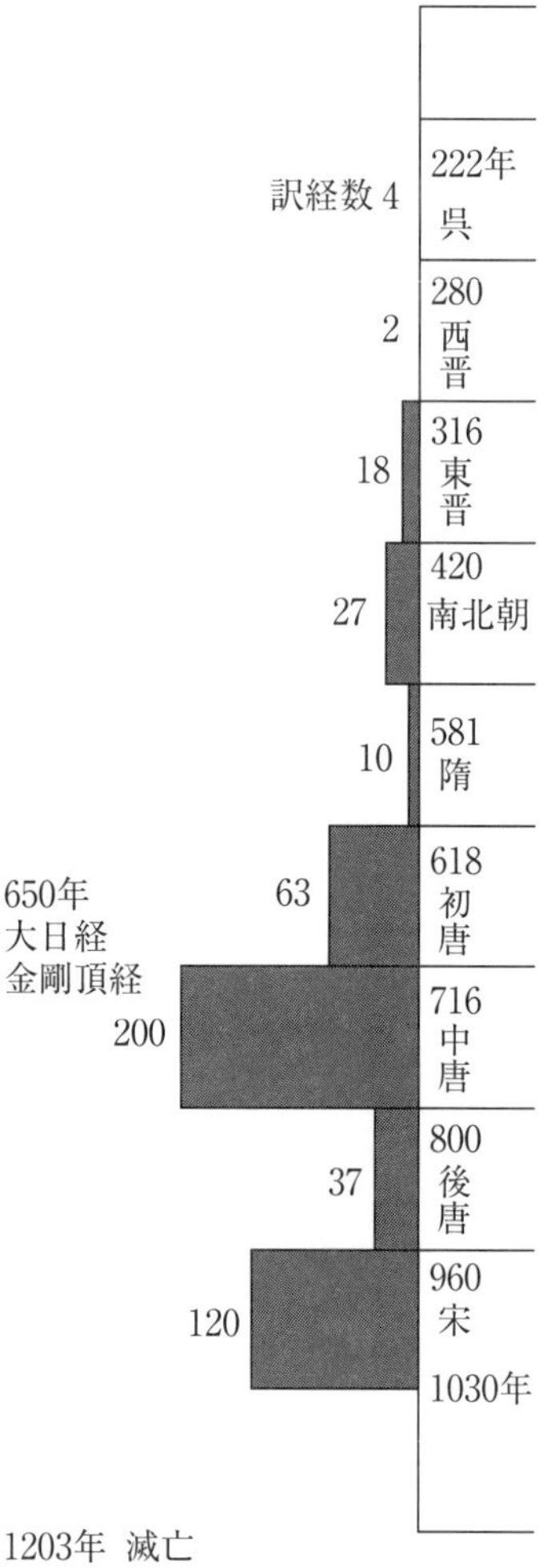

れております。今日、『大正新修大蔵《だいぞう》経』という大変大きな大蔵経では四巻（十八、十九、二十、二十一巻）のなかに密教部として収められ、その他にも密教の経典はまだばらばらに入っています。ですから、今日われわれはかなり多くの部数のものを密教経典といって、その経典と翻訳者、年代を分類しているわけです。その経典の翻訳年代と経典の数を基準にして、インド密教史というものを推定してみると、この表ができてくるのです。

三国時代の呉の時代に四つくらいの密教の経典が訳出されています。つまり、中国に紹介されているということは、すでにそれらの密教経典が成立していたということです。それから西晋時代に二つ、東晋時代に十八、南北朝時代に二十七、隋の時代に一〇、唐の初めから半ば頃までになりますと密教経典の数は急激に多くなります。玄奘も義浄も密教経典を訳出しています。そしてこの時代までに多くの翻訳者によって多くの密教経典が訳出され、その数を数えますと六十三くらいあります。

そして唐の半ば頃（中唐時代）、七〇〇年代になると、善無畏《ぜんむい》によって『大日経』が訳され、金剛智《こんごうち》によって『金剛頂経』が訳されました。そして少しおくれて不空《ふくう》がさらに金剛頂系の多くの密教経典を訳したのです。こうしてこれらの人々によって初めて中国密教が中国仏教の一宗として成立したのです。そしてこの時代の訳経は二百経にのぼります。なお唐の末期（後唐）頃にもまだ訳経が続き、三十七くらいの経典が訳出されています。そして五代時代という騒乱の時代がありまして、ついで宋の国ができます。その宋代の初めの頃は、密教経典が百二十種類も訳されています。漢訳は一〇三〇年くらいに終わってしまうのですが、インド密教はその後まだ続くのです。しかしやがてイスラム教徒によって全部破壊されます。ビクラマシーラ寺という密教の一番大きなお寺もそのときに破壊されて、密教がインドから消えてしまうのが一二〇三年頃で、これがインド密教の終末ということになります。

一つの見方としては、漢訳経典を通してみてインド密教というものはおよそこんなふうに発達変遷してきたということはいえそうです。川の流れにたとえれば、細い川が流れ流れてだんだん太い広い川になって、インド仏教の最後は密教時代になってしまうのです。そして大乗仏教は先細りになってしまって、むしろ密教のなかに含められてしまうというふうになってきたと思います。ですから、密教はそういう長い歴史をもっており、これら多くの密教文献を総称して「密教の経典」といっているのです。

三　密教経典の分類

密教経典の分類は、一つの試みなのですが、次のように分けるとわかりやすいと思います。

（1）　胎蔵法部

第一の胎蔵法部は、厳密にいうと金剛界・胎蔵法というときの胎蔵法の部門で、その代表的なものは『大日経』です。そしてその他、『広大儀軌』などがありますが、つまり『大日経』系統のものという意味です。

（2）　金剛頂部

第二は『金剛頂経』系統のものです。これは『金剛頂大教王経』とか『略出念誦《ねんじゅ》経』、『般若理趣経』などです。『般若理趣経』は、お寺でよく読むお経です。こういうものは金剛頂部と申しますが、『金剛頂経』系統のもので、小さなものを数えますと数が非常に多いのです。

（3）　諸経部

第三は諸経部です。一つ一つの部を立てますと数が多くなりますから、いろいろなものをまとめて諸経部というのですが、そのなかで比較的代表的な経典は『蘇悉地《そしつじ》経』、『蘇婆呼童子《そばこどうじ》経』、『孔雀明王《くじゃくみょうおう》経』、『大雲請雨経』、『仁王般若《にんのうはんにゃ》経』、『守護国界主陀羅尼《しゅごこっかいしゅだらに》経』、『大乗理趣六波羅蜜経』、『大乗密厳経』などがあります。諸経部には、まだこうい

う お経が数多くあります。
以上三つが大きな分け方ですが、あとは密教の仏さまのなかには菩薩や明王や天などの信仰が多いですから、それを基準にして分けていくと菩薩部、明王部、天部に分けられます。

(4) 菩薩部

菩薩部のうち、まず観音さまは種類が非常に多く、聖《しょう》（正）観音、十一面観音、千手《せんじゅ》千眼《せんげん》観音、不空羂索《ふくうけんざく》観音、如意論観音、馬頭観音などがあります。いわゆる変化《へんげ》観音と称しまして、観音系統の仏さまはいろいろありますから観音部といいます。それから大日如来の次の位の人とされる金剛薩埵《こんごうさった》を中心としたもの、あるいは大乗仏教ですでに説かれている文殊《もんじゅ》菩薩、普賢《ふげん》菩薩、弥勒《みろく》菩薩、虚空蔵《こくうぞう》菩薩、地蔵菩薩、八大菩薩などがあります。そういう菩薩を中心として、それぞれの菩薩に対して祈願をする、そういう身近な経典類があります。

(5) 明王部

明王部は不動明王、降三世《ごうさんぜ》明王、軍荼利《ぐんだり》明王、大威徳明王、金剛夜叉明王、その他、

明王部の諸尊を供養することを書いたものです。

(6) 天部

天部には、梵天、帝釈天、毘沙門天《びしゃもん》、大吉祥天《だいきっしょう》、歓喜天《かんぎ》、摩利支天《まりし》、その他多くの天があります。このように、密教は多彩な諸仏諸菩薩諸明王諸天への信仰をするわけです。そういう場合に密教ではただ信仰するのではなくて、それぞれの対象と一体になることを目ざすのですが、そのためにどのようにして拝み、信仰し、お願いし、成仏するかということを書いたものがあるのです。

四 密教経典の特色

今いろいろ経典があるといいましたが、今度は外側から見た特徴をつかまえることができます。

経典と儀軌

多彩な密教文献の特色ということでは、まず「経典」と「儀軌《ぎき》」の二つの分け方があります。密教経典にはふつう『大日経』とか『金剛頂経』などの経典がありますが、経名の終わりの方に「儀軌」と出てくるものがかなり多いのです。経典の儀軌化という特徴をもっているのです。経典だけではなくて、経典を儀軌にしていく。ただ拝んだり読んだりするお経ではなくて、具体的に仏さまをどう拝むかという拝み方を詳細に示しているものを儀軌といいますが、密教文献はそういう特徴をもっているのです。事実、六百以上の密教文献のうちで、題名に「儀軌」という字が出てくるものが百六種くらいあります。また、「供養法」とか「念誦法《ねんじゅ》」という字の入ったものも二十種類以上もあるのです。このように、密教の経典という場合にほかの宗派の経典と非常に違うのは、儀軌化したり、儀軌となったものが非常に多いということです。これが一つの特徴です。

儀軌化するとか儀軌があるということは、密教がすでにほかの宗派と違って、信仰の対象に向かってどういうふうに行じていくかという修法の仕方を具体化している文献が非常に多いということです。密教というのは、ただお経の思想を味わうとか読むとか、仏さまをただ礼拝するというものではないのです。密教は信仰の対象に対していつもある一定の修法をさだめて、密教法具をいろいろととのえたりするのです。たとえば護摩《ごま》を焚くといっても、ただ焚くのではありません。そこには意味づけられたさまざまな供養物が並べられ、真言を唱えて供ずる。そこで初めて護摩を焚くということが行われているのです。

密教経典は陀羅尼蔵

密教経典といいますが、これは「陀羅尼蔵《だらにぞう》」という言葉でいわれるときもあります。陀羅尼（dhāraṇī）の蔵だというのです。蔵というのは経・律・論の三蔵（経蔵と律蔵と論蔵）などといいます。ところが、その後密教が発展して密教の経典が増えますと、それは一つの蔵に収められるものということで、陀羅尼蔵というふうに扱っている場合があり、いわゆる大乗仏教まで発達した経・律・論のほかに密教経典がもう一つあるということを表現する言葉として陀羅尼蔵という言葉が使われています。つまり、密教経典のなかには陀羅尼に関するものがきわめて豊富であり、濃厚であるということです。その一、二の例として、『陀羅尼集経《じっ》』『陀羅尼雑集《ぞう》』という経典があります。そのほか「○○陀羅尼」とか「陀羅尼○○」のように、題目のなかに「陀羅尼」という字が必ず出てくるものが二百以上もあるので、密教経典といわれるものに目を通していくと、こんなにも陀羅尼が多いのかということに驚くのです。つまり、密教経典のなかには、陀羅尼蔵といわれるように陀羅尼が多いということが第二の特徴です。

密教経典に説かれる密教的なもの

次に、密教経典に説かれている内容の特徴をいくつかあげてみましょう。まず第一に「真言」あるいは「陀羅尼（明《みょう》）」が多いことです。これも厳密にいうと区別できますが、「○○の真言」、「○○の陀羅尼」とあります。これは明とか明呪ともいいます。

つぎは「印契《いんげい》」で、手で印を結ぶことですが、これが非常に多いのも密教経典の特徴です。どんな仏さまを拝むにしても、あるいは人が修行するにしても必ず印を結びます。

また「曼荼羅《まんだら》」があります。壇を築き、その上に諸仏を描いて曼荼羅の諸仏を礼拝することが書かれています。

信仰の対象

信仰の対象ということでは、大日如来、諸仏、諸菩薩、諸明王、諸天など多彩な信仰の対象があり、きわめて複雑であるといえます。また密教の特徴的なものとしては、胎蔵界の曼荼羅と、金剛界の曼荼羅があります。しかし、仏陀観の統一的見解が進み、大日如来は普門《ふもん》の仏であり、その他の諸仏・菩薩・明王・天などは一門の仏と見ているのです。

このように、密教経典を見ますと信仰の対象は、全体的なものを対象とする場合や個個のものを信仰の対象とする場合もあって、その数がきわめて多いのです。これは密教における仏陀観の問題です。密教では仏陀観がなぜこんなに複雑なものになってきたのだろうかということです。しかし、複雑さのなかに非常にたくみな統一性があります。それも密教経典のなかに説き示されている特徴です。

観法と祈願

次に、密教の経典のなかには、観法とかあるいはいろいろな祈願をすることがきわめて多いのです。それらのなかの一、二の例を申しますと、菩提心《ぼだいしん》を観ずる方法（菩提心観）があります。わが心のなかに浄《じょう》菩提心があると自覚すべきであり、そうするためにはどうしたらよいかということで、そのために月輪観《がちりんかん》や阿字観《あじかん》という観法があります。これは月輪本尊図や阿字本尊図を掲げて、その前に静坐し、呼吸をととのえ、精神統一をなし、月輪または阿字で象徴される浄菩提心が、本来わが心のなかに内在していることを自覚する観法です。また三密加持《さんみつかじ》の妙行も説かれています。これは手に印契《いんげい》を結び、口で真言を誦し、意を三摩地《さんまじ》に住して、本尊と我れとが一体になる修行の方法です。

また、先ほども申しましたように、真言や呪や陀羅尼を説く経典が多く、『阿羅尼集経』などという経典もあります。それらの真言や呪や陀羅尼は攘災招福の祈願をすることが多く、病気を治したいとか、延命して生き長らえたいとか、雨が降るように雨乞いをするとか、財宝を得たいとか、いわゆる現世利益《げんぜりやく》的な祈願をなすものが多いのです。

ですから、密教の大きな特徴として、現世利益的な信仰の一面を否定するわけにはいかないのです。この現世利益的祈願の信仰は今日でも真言宗のお寺だけでなく、天台宗やその他の宗派でも見られることであります。

第三章　中国密教の成立

一　密教経典の訳出――三国時代から初唐時代

インドで成立した密教経典は、他の一般的な仏教経典と一緒に早くから中国に伝えられ、三国時代から西晋・東晋・南北朝時代（二〇〇〜六〇〇年頃）までに多くの訳経者によって五十余の密教経典が訳出されています。ところが、隋から初唐時代（六〇〇〜七〇〇年）までのおよそ百年間に、急激にインド密教経典が成立したらしく、それらの密教経典が多くの翻訳者によって中国に伝えられ、訳出され、その経典の数はおよそ六十余経典に及んでいます。

そしてそれらの密教経典によって、密教の仏陀観の多様性や、儀軌による修法、真言、呪、陀羅尼の誦持とその功徳の信仰など、密教の特色ある諸様相が中国の仏教界に示されたのです。したがって、初唐の時代にはその新しい密教に注目する傾向も現われてきたのです。しかしまだ密教という一宗が成立するまでにはいたらなかったのです。これは密教の修行法などを具体的に指導する人がまだ来ていなかったからかとも考えられます。

二　中国密教の成立――中唐以後

ところが中唐時代（七〇〇年代）になりますと、即身成仏の思想と実践を中心とするいわゆる純粋密教の経典が中国に伝えられて訳出され、また密教の実修の方法が伝えられました。それが多くの門弟に伝授されるようになり、ここに初めて中国社会のなかに新しい密教という一宗が成立するにいたったのです。

次に中国密教の一宗を成立させるのに大きな役割を果した人々をあげてみます。

(1) 善無畏(六三七―七三五)

まず第一が善無畏《ぜんむい》三蔵です。この人はインドですでに密教の阿闍梨として著名でありましたが、高齢になってから、開元四年(七一六)に中央アジアを通って長安に到着しました。その後長安と洛陽の二つの都を往来し、その間に『大日経』その他二十いくつかの密教経典を翻訳し、また密教の修法などを多くの門弟に伝えたのです。

(2) 金剛智(六七一―七四一)

次が金剛智《こんごうち》三蔵です。この人は南海を渡って中国の南の方に着き、そして開元七年には中国に至り、その翌年開元八年(七二〇)に長安まで来たのです。善無畏より四年くらい遅いのですが、善無畏とほとんど時を同じくします。そして金剛智は『金剛頂略《こんごうちょうりゃく》出念誦経《しゅつねんじゅきょう》』ほか二十いくつかの密教経典を翻訳したのです。

善無畏と金剛智の二人はいずれもインドですでに密教の阿闍梨として密教を修法し、密教の儀式をすべて心得た人たちです。ですから、この二人が中国へ来ますとすぐにお弟子さんができるし、密教の修法の仕方とか、灌頂《かんじょう》の儀式とか、曼荼羅を描く方法とかというものも心得て弟子たちに教えましたから、中国密教の成立の第一期は善無畏と金剛智によってその基礎がつくられたと考えてよろしいのです。

(3)　一行（六八三―七二七）

なおこの頃、一行《いちぎょう》禅師が出て、中国密教の受容と成立に大きな業績をあげました。この人は中国の学者で、金剛智と善無畏の両方に学びましたが、特に善無畏について『大日経』の翻訳を手伝いましたし、さらに真言密教で代表的な注釈書の『大日経疏』二十巻を著わしました。

ちなみに一行禅師は善無畏、金剛智よりも早く、七二七年に四十五歳くらいで亡くなりましたが、秀才といわれています。この人はもともと天台の学者で、密教の方へ入ってきましたが、同時に天文・暦法の学というものに非常に通じておりまして、この部門でまた夥しい著作が残されております。今日の中国では一行禅師は宗教家というよりも科学者として大きな業績を残したと高く評価されている人です。現に、北京の歴史博物館へ行きますと、歴史的に有名な人々の像が陳列されていますが、この一行禅師のブロンズ像があるのです。びっくりして見ましたら、説明が「科学者一行」という評価でした。いずれにしても、これが第一期です。

(4)　不空（七〇五—七七四）

第二期は不空《ふくう》です。この人は金剛智の弟子です。金剛智に学んだのですが、金剛智が亡くなった翌年、自分がインドへ行って直接密教をさらに学んでこようと、南の海を渡ってインドへ行きました。しかし、大陸までは行かなかったようで、実際はセイロン（現・スリランカ）に三年くらい滞在しました。そこにも密教のいいものがほとんど伝わっていたらしくて、密教のたくさんの文献をもって三年後に中国に戻り、多くの密教経典、儀軌を翻訳しました。また、この人はセイロンで密教の修法、灌頂の儀式などいろいろなことまで身につけてきたのです。ですから、七四六年にセイロンから帰ってきてから七七四年に亡くなるまで、つまり七〇〇年代の後半はもっぱらこの不空が中心となって経典を翻訳し、密教の修法を盛んにやり、たくさんの弟子をもち、また密教のお寺をいくつも建立したのです。不空の時代になりますと、中国の他の宗派と比較しても不空の密教の方が勢いがよくなってきて、唐の半ば頃は密教が最も盛んになったといってもいいようです。というのは、密教と唐の王室との関係が非常に密接になったものですから、その外護のもと中国密教は急激に発達してくるのです。

(5) 恵果(七四五―八〇五)

その不空の弟子が六人くらいいたのですが、そのうちの一人、最も優秀な弟子が恵果《けいか》という人です。恵果和尚とか恵果阿闍梨とかいいますが、この人こそ空海の師匠になる人です。恵果は長安の青龍寺東塔院にいて、密教を大いに弘め、弟子もすでにたくさんいました。

六十歳になったときに、三十二歳の空海がこの師匠に巡り会い、そして密教の秘法をことごとく伝えてもらったというのです。日本の密教はそこから始まるのですが、中国密教はその後も発達変遷をしてまいります。八〇〇年代の半ば頃まで、なお依然としてインド密教の経典を持ってきて翻訳しています。そして不空や恵果の門下がいろいろと活動して、それぞれ密教を発展させたのです。

中国密教の成立ということをこのように考えて、さてそれが日本に伝来するとどんなことになってくるだろうかということを、つぎに考えていきたいと思います。

第四章　奈良時代の密教

飛鳥・白鳳から奈良時代までに、中国仏教は急速にわが国に伝えられましたが、密教の経典も広く仏教経典のなかでとり扱われ伝わったのであります。

密教経典の伝来

奈良時代に密教経典はほとんど伝わってきています。しかし、それはだいたいは雑部《ぞうぶ》密教の経典であって、純粋密教の『大日経』や『金剛頂経』系統のものはごくわずかしか伝わっておりません。今日、奈良の正倉院文書に夥しい写経の記録が残されておりますし、学者がいろいろな経典について整理をしていますので、密教経典につきましても整理がすでになされています。奈良時代の正倉院文書を見ていくと、雑部密教の経典のほとんど全部と『大日経』『金剛頂経』のほんの一部は奈良時代に伝わっているのみならず、少しは研究がされていたということもわかるのです。

といいますのは、奈良時代に玄昉《げんぼう》（?―七四六）という人がおります。法相宗《ほっそうしゅう》を伝えた有名な人で、この人は中国へ十数年間留学しておりまして、天平七年（七三五）日本に帰ったときには、翻訳した「一切経《いっさいきょう》」五千何巻という膨大な中国の仏教経典をみんな持ってきたといわれています。ですから、天平時代にはインドから中国語に訳された経典類はほとんど持ってこられているのです。そのなかに雑部密教がほとんど入っていたのです。そこで、奈良時代の学者がそれを書写して勉強するということも始められていたということがわかります。

密教弘通の状態

それでは密教はどのようにして広まっていったかといいますと、まず第一に写経が行われていた。また、講経と申しまして、密教のある陀羅尼などをとり上げて、その陀羅尼の説明をするというようなこともあります。

また、密教像という、密教の仏さまがたが非常に多くつくられています。これも専門の学者が統計的に調査しておりますが、百四十〜百五十体くらいある奈良時代の仏像のうちの四十体くらいはいわゆる密教像だといわれております。

仏像を前にして拝む修法をやっていた坊さんもいましたし、陀羅尼信仰といって、陀羅尼を唱えると病気が治る、あるいは災難から逃れられるというような信仰がかなり普及していたらしいのです。平安初期の『日本霊異記』という書物を見ますと、そういった物語がたくさん出てきますので、陀羅尼信仰が相当普及していたことがわかります。

つまり、今申しましたようなことは空海以前の密教の姿でもあったということがいえるのです。空海も若い頃出家して修行したのですから、したがって、こういうことも知っていたと考えていいわけです。しかし、そういうなかでなおかつ空海が満足せずして、本当の密教を自分が中国へ行って学んで伝えなければならないという決意をするからには、それなりの理由があったと考えていいのです。そして平安初期になりまして、いよいよ空海が登場してまいります。

第五章　空海の入唐求法と真言宗の開宗

一　若き日の修行

空海（七七四—八三五）は四国の讃岐国の屛風ヶ浦、今の善通寺市で宝亀五年（七七四）に生まれた人で、父は佐伯直《あたい》田公《たきみ》、母は阿刀《あと》氏、幼名は真魚《まお》といいます。十五歳のとき、伯父の阿刀大足《おおたり》に伴われて上京し、阿刀大足の指導をうけて中国の学問を学びます。

十八歳のとき大学に入り、広く中国の学問を学んだのですが、その研究はすさまじいものであったといわれます。空海自らも『三教指帰《さんごうしいき》』の序文に、自分は大学へ入ってからは、眠くなると錐《きり》を足に刺したりして眠気をさまして勉強したといっています。ところが空海は中国の学問だけでは飽き足らなくなり、人生の根本問題を解明するためには、仏教を学び、仏教の修行をすることが肝要だと考えて、いさぎよく大学を中途退学し、仏教の修行の道に入ったのです。

初めに、たまたまひとりの沙門から虚空蔵求聞持法《こくうぞうぐもんじほう》という密教の修法を授けられ、まず自分の生まれ故郷の四国の地に足をふみ入れて、阿波の大瀧嶽や土佐の室戸岬で求聞寺法を修してきびしい修行をつづけます。また四国の山野を巡り、あるいは奈良にもどって吉野の南の地方などにも修行の足をのばし、きびしい山岳修行の日々を体験します。それからまた、奈良の仏教の研究にも精進して、当時奈良には法相宗《ほっそうしゅう》・三論宗《さんろん》・華厳宗《けごん》・律《りつ》宗などの学問が盛んであったので、それらの諸宗の仏教文献を読破し、研究を進めたのです。そしてこの間に、二十歳の頃、出家得度して、名を空海と改めます。

こうして空海の仏教の研究と修行は大いに進められていったのです。そして二十四歳のとき、儒教と道教と仏教との優劣を明らかにした『三教指帰《さんごうしいき》』（はじめは『聾瞽指帰《ろうこ》』という）という書物を著わしました。これは空海の出家の宣言書であるともいわれています。

ところが、たまたまその頃、空海は大和の久米寺で『大日経』を発見し、その経典に「自己の探究とさとりへの真実に生きる道」が説かれていることを知って驚嘆し、それ以来、『大日経』その他の密教経典の研究に専念したのです。しかし、それらの密教経典はただ読むだけではわからない、どうしても密教の阿闍梨《あじゃり》に秘法を授けてもらわなければわからないところが多い。そこで空海はひそかに入唐求法《にっとうぐほう》の時を待っていたのです。二十四歳から入唐する三十一歳までの空海は、「鳴かず飛ばずの七年間」とよくいわれますが、その間なにをしていたのか、今日資料的に全くわかりませんが、おそらく中国へ行って学ぶ準備をしていたのでしょう。言葉については、誰かについて中国語を充分に話せるまでになっていたでしょう。

それだけではなく、奈良時代に伝わっていた経典や論書はほとんど読みこなしてしまっていたのではないかと思います。こうして空海は入唐求法の機会のくるのを待っていました。

二　入唐求法

空海三十一歳のとき、遣唐使の船に乗って中国へ渡ることになりました。その時の遣唐使の船は四隻でしたが、第一船には遣唐大使藤原葛野麿《かどのまろ》と空海が乗り、第二船には最澄が乗ったのです。難波（大阪）を発ったのが五月で、七月六日に九州の田浦を出航して間もなく暴風雨にあい、一隻は沈没し、他の一隻は引き返したが、第一船と第二船は航行を続けます。このときの遣唐使の日程や動向などは『続日本後紀』のなかに書いてありまして、これは信用してよい史料です。それで漂流して、八月十日に福州の近くの赤岸鎮に着きました。そこで海賊の船か何かと疑われてなかなか上陸が許されなかった事情とか、その時の空海が遣唐大使に代わって日本からの公式の使者であることを書いて提示した活躍ぶりは、空海自身の文章のなかにも記されています。そういう苦渋を重ねて、十一月三日にようやく福州を発って長い大陸の旅を続けて、十二月二十三日に唐の都、長安城にたどり着きました。そして翌年二月、遣唐大使一行はその重責を果して帰途につき、留学生の空海と橘逸勢《たちばなのはやなり》は長安にとどまり、初め西明寺というお寺に入ります。そして二月から五月頃まで、長安の大きな寺院を訪ね、あるいは中国の文化人に接したり、インドからきていた般若三蔵と牟尼室利《むにしり》三蔵に会ってインドの事情を聞き、梵語を学んだのもこの時期かと思います。この三ヵ月を空海はかなり有効に精力的に聞くもの、学ぶものを摂取していきました。

そして、五月末に青龍寺の恵果《けいか》阿闍梨を訪ねて、密教の秘法を学ぶことになりました。時に恵果阿闍梨は六十歳、空海は三十二歳でした。恵果阿闍梨は不空三蔵の門下で、当時密教界の第一人者と仰がれていた人です。この師と弟子との出会いの情景は空海自身の書き残した文書のなかにくわしく述べられています。

師は喜んで日本から来た若い学僧を迎え、自ら余命いくばくもないことを思ったらしく、密教相承《そうじょう》の最も大切な灌頂《かんじょう》を早い時期に授けることを約束しました。そして、この間の事情を空海は「われに授くるに発菩提心戒《ほつぼだいしんかい》をもってし、われに許すに灌頂道場に入ることをもってす。受明灌頂に沐すること再三なり、阿闍梨位を受くること一度なり」（『御請来目録《ごしょうらいもくろく》』）と述べています。この菩提心戒を受けることと、胎蔵界と金剛界の両部の灌頂を受けることは真言密教の最高深秘の法を相承することです。空海はこの最高の儀式を伴う秘法の伝授によって、恵果阿闍梨の晩年のしかも最も優れた弟子となり、日本に帰ってから密教を弘める資格が与えられたのです。その後、さらに密教のさまざまな秘法を授けられたり、密教経典の書写に寝食を忘れてつとめたり、あるいは両部の大曼荼羅と密教法具の調製を依頼して、密教相承に必要ないろいろなものを用意したりしました。

十二月十五日に師の恵果阿闍梨は六十歳で亡くなりました。空海が留学生として師について学ぶことわずかに半年でした。空海の悲しみはいかばかりかと察するに余りあるものがあります。この時、空海は師を追慕し、その徳を称えて「恵果和尚碑文」を書いています（『性霊集《しょうりょうしゅう》』巻二）。その文章には、師との出会い、師の温かい指導に感謝し、師の学徳高く、民衆の教化に大きな業績をあげていることを讃嘆の言葉で書きつづっています。師に対する思慕、景仰の名文というべきでしょう。

さて師の臨終にあい、その翌年一月師の葬儀も終わったので、二月に帰国の途につきました。それは、日本から長安に来ていた遣唐使の高階遠成《たかしなのとおなり》が帰国するので、一緒に帰ることになったのです。四月には越州に着き、ここでも広く中国の文献を蒐集し、八月には明州を出航し、十月の初めに無事九州に帰着したのです。この入唐《にっとう》は出発から帰国までが二年八ヵ月、長安滞在が一年二ヵ月、恵果に師事したのは半年ということになります。

九州に着いた空海は太宰府に留まり、そして十月二十日付で、『御請来目録《ごしょうらいもくろく》』を朝廷に奉呈しましたが、これこそ入唐求法の総決算ともいうべき重要な記録です。このなかに、空海が恵果から灌頂を受けたこと、恵果から学んだ密教というのは、(1)仏教のなかの最も優れた教えであり、(2)即身成仏の教えであり、(3)鎮護国家の教えであり、(4)民衆の攘災招福《じょうさいしょうふく》の教えであると説いています。これは、密教とは、という問題をよくまとめて理解していると思います。そして空海がその後、わが国において真言宗を開いて思想教化活動を展開するにあたって、その根本理念となるものはこの四ヵ条であったかと思います。また『御請来目録』によれば、持ち帰ってきた文献には、日本には伝わっていなかった不空三蔵訳の新しい経論儀軌や梵字《ぼんじ》真言などをはじめとした、その他の経論章疏があり、また両部の大曼荼羅や密教法具など、多くの貴重なものばかりです。まことに実り多き入唐求法の旅であったと思います。なお空海の請来したもののうち、多くの経論は「三十帖策子」といわれ、はじめ東寺に秘蔵され、のちしばらく高野山に移されたこともありましたが、再び東寺に戻されました。ところがその後仁和寺に移され、今日では仁和寺に秘蔵（国宝）されています。また法具の一部も東寺に秘蔵（国宝）されています。

三　新しい密教——真言宗の開宗

高雄山寺時代

空海は帰国してからしばらく太宰府観世音寺に留まっていましたが、大同二年十一月に上京して、初め和泉の槇尾山寺《まきのおさん》に住し、大同四年（八〇九）、三十六歳のとき京都の高雄山寺《たかおさん》に入住することになりました。

この寺は和気氏が創建したもので、前に最澄が法華十講をなし、また最澄がわが国で最初の密教の灌頂の儀式を行ったところでもありましたが、今や空海がこの寺に入り、真言密教の第一声を放つことになりました。まず弘仁元年（八一〇）十月には『仁王経《にんのう》』、『守護国界主経《しゅごこっかいしゅ》』に基づく鎮護国家の秘法を修し、藤原薬子の乱の直後の国内平和のために祈念をこらしたのです。そして弘仁三年十一月と十二月に高雄山寺で金剛界の灌頂と胎蔵界の灌頂を行い、天台宗の最澄とその門下の人々や南都の学僧たちが灌頂を受けましたが、これは高雄の灌頂といわれて、空海の真言密教が高く評価されることになったのです。

このとき空海が自ら灌頂の受者を記したものが現存する『高雄灌頂記《たかおかんじょうき》』（国宝）です。また、この頃最澄と空海は親しく交わり、最澄がたびたび空海から密教の経論を借用していますし、この両師がしばしば書簡を送っていますが、空海の書いた有名な『風信帖《ふうしんじょう》』（国宝）などが現存しています。しかし、最澄の弟子の泰範《たいはん》が師のもとを離れて空海の門下となるなどの出来事もあり、空海は密教経論を広く各地に書写してほしいと書簡を送ったりしています。また密教と顕教《けんぎょう》とがどのように違うのかを明らかにし、密教の特色を大いに宣伝することに努めています。また空海は書道にすぐれており、嵯峨天皇と親しく交わり、嵯峨天皇の外護のもとに新しい真言密教を諸宗の間に発展させることにもなったのです。

高野山の開創

弘仁七年（八一六）、空海四十三歳のとき高野山に修禅の一院を建立したいと発願し、上奏してこれが許され、いよいよ高野山開創の大事業に着手することになったのです。

高野山の開創については、高野山の地主神の丹生津姫《にうつひめ》が現われてその土地を空海に与えたとか、また二匹の犬を連れた狩人姿の高野明神《こうやみょうじん》に会い、案内されて高野山に登ったという伝説などもあります。いずれにしても、高野山の開創は奈良の都市仏教の否定であり、山岳仏教の復興を意味するのです。

これは空海の少年時代以来、体験し思索してきた本来の仏教の在り方についての確信と、その実現の第一歩を示すものであります。

高野山開創の勅許を得た、その翌年に開創事業にとりかかり、まず弟子の泰範と実慧などを高野山に派遣し、実地調査をさせ、その後、空海が山に登り、弘仁十年に山上に伽藍を建立することになりました。しかしなにぶん京都からは遠く、高いうえ、山の工事のため、建築資材や人夫の食料などが不足し、広く有志の人々に援助を依頼したことなどが『高野雑筆集』によってわかります。しかし幸いにして天長年間になると、高野山上に多宝塔、講堂、僧房などが建立され、金剛峯寺と名づけられました。天長九年には高野山で万燈会《ばんとうえ》がはじめて行われ、承和元年には大塔、西塔も建立され、空海の晩年に高野山はゆるぎない真言宗の根本道場となったのです。高野山の開創こそ空海の生涯における最大の事業であります。

平安初期の仏教を象徴するものは、最澄の比叡山と空海の高野山であるということができるでしょう。南都の諸大寺は多く官寺であり、有力な氏族の寺であり、また都市仏教の性格をもっているのに比べて、比叡山の一乗止観院《いちじょうしかんいん》と高野山の金剛峯寺とはともに求法者の修行の道場であり、山岳仏教の性格をもっているのです。ここには学問仏教、宗教儀礼中心の仏教から求道修行の仏教への反省がよびおこされ、仏教本来の姿への自覚が高められていることが看取されます。そしてその後の日本仏教の歩みのなかで、高野山の果した宗教的役割を考えてみるとき、空海の高野山開創の意義はきわめて大きいといわねばなりません。

東寺の経営

空海の教団活動のもう一つ重要なことは、東寺を勅賜され、京都における真言宗の根本道場としたことであります。東寺と西寺は延暦十三年（七九四）、平安遷都後まもなく着工されたものですが、弘仁十四年（八二三）、五十歳のときに空海はこの寺を勅賜され、ここに空海の多くの学徒が集まり、真言宗の有力な宗団が成立したのです。そして天長二年に講堂が建立され、ここで仁王経法が修せられ、鎮護国家転禍修福の祈願をなしたのです。ついで天長三年に五重塔の建立にとりかかったのですが、その五重塔は空海の在世中には完成しなかったようです。しかし灌頂堂、鐘楼、経蔵などが完成し、東寺を教王護国寺と称し、鎮護国家の根本道場としたのです。

社会的活動

これより先、空海は弘仁十年、高野山開創の大事業の半ばで、工事を弟子たちにまかせて下山し、中務省の役職についたのですが、これは空海の政治的手腕を窺わせる一面であります。弘仁十二年には四国の讃岐の万濃池の修築事業を完成させています。また天長五年には左京区九条にある藤原三守《ふじわらのただもり》の土地の寄進を受け、ここに庶民のための学校を設立し、綜芸種智院《しゅげいしゅちいん》と名づけたのであります。この学校の教育理想や教育の在り方や条件などを述べたものに「綜芸種智院式并序」があります（『性霊集』巻十）。ここに空海の教育思想を窺うことができます。この学校の経営は長く続かず、わずか二十年後に閉校となりました。しかし、空海の示した庶民教育への熱意とその実行力と教育理念とは高く評価されているのです。

文芸方面の活動

空海は偉大な宗教家、思想家であるとともに、また文芸方面にも多彩な活動をしたことは驚くべきことであります。

まず書道の方面では嵯峨天皇・橘逸勢とともに三筆といわれ、現に空海の真筆は多く残っていて、いずれも国宝に指定されています。

また詩文をよくし、空海の入唐求法中から晩年にいたるまで書きつづけた詩文や書簡や碑文や願文や上奏文などは、『遍照発揮性霊集《へんじょうはっきしょうりょうしゅう》』に収められています。また詩文の理論を述べたものに『文鏡秘府論《ぶんきょうひふろん》』と『文筆眼心抄《ぶんぴつげんしんしょう》』があり、わが国最初の辞典といわれる『篆隷万象名義《てんれいばんしょうみょうぎ》』というものもあります。

つぎに空海の思想活動についてお話しすべきでありますが、これは密教思想の組織大成ということでありますので、真言密教思想をお話しする最初のところで申し上げることにします。

第二部　真言密教の思想

第一章　密教思想の組織化

これから密教思想の最も特徴的なところはどんなところにあるかという点をとりあげてお話を進めてまいりたいと思います。

密教思想は長い密教の思想史の流れのなかからとりあげるべきでありますが、具体的には多くの密教文献に注目しなければなりません。ところがそれらの密教文献ではさまざまの思想を述べていますから、そこからまとまった思想というのをとらえることは困難です。

このことは中国密教をみても同じことです。善無畏《ぜんむい》や一行《いちぎょう》・金剛智《こんごうち》・不空《ふくう》・恵果《けいか》などのすぐれた密教の学者たちは、中国密教という一宗の成立につとめ、宗団の組織や諸寺院の建立に著しい成果を示しているけれども、密教思想を組織化することはついに行われなかったのです。そのために、私たちは中国密教をみただけでは密教思想の特徴的なものをとらえることはできないのです。

密教思想を組織的にとらえ、密教思想の特徴を明らかにすることは、日本における弘法大師空海によってはじめてなしとげられたのです。空海の多くの著作をみますと、密教を真言宗、また真言密教ととらえ、その一宗の成立の歴史とその思想教学の特徴を明確にするのに努めたものが多いのです。

具体的に申しますと、真言密教の相承《そうじょう》と弘通《ぐつう》の大綱を示すために、『秘密曼荼羅教付《ひみつまんだらきょうふ》法伝《ほうでん》』と『真言付法伝』を著わしています。また、密教の特色を顕教《けんぎょう》との対比で明らかにしたものに『弁顕密二教論《べんけんみつにきょうろん》』があります。そして密教の特色を、一般思想界や仏教の小乗（声聞《しょうもん》と縁覚《えんがく》）や大乗の諸宗（法相宗《ほっそう》・三論宗《さんろん》・天台宗《てんだい》・華厳宗《けごん》）との対比のなかで明らかにし、また菩提心の展開の順序をも考えようとして、『秘密曼荼羅十住心《じゅうじゅうしん》論《ろん》』と『秘蔵宝鑰《ひぞうほうやく》』という主要な著作を著わしています。

また、真言密教の最も重要な思想とされ、インド密教、中国密教でも強調された即身成仏思想をとりあげて、これを理論と実践の両面から詳細に論述したものが『即身成仏義』です。また法身説法《ほっしんせっぽう》という密教独自の思想を従来の大日如来の説法という伝承の領域を越えて、真言とその表現の文字が真実であることから、法身説法の実相を明らかにした『声字実相義《しょうじじっそうぎ》』や、字相・字義を説く密教思想を具体的に解明する『吽字義《うんじぎ》』という著作もあります。また『般若心経』を密教経典とみなし、独特の解釈をなしたものに『般若心経秘鍵』があります。

そして菩提心の思想や三昧耶戒《さんまやかい》の思想についても、その真意を明らかにしているのです。さらに今日的な問題として考えさせられる人間観や仏陀観の問題、真実に生きる道などが空海の思想によって明らかにされているのです。空海の著作活動は密教思想の再検討と組織化に集中していると考えて間違いないでしょう。そしてそれは、密教の日本的展開といってもよいでしょう。したがって、これから申し上げる真言密教思想というのは、空海の組織化した真言密教思想であります。

第二章　密教思想の教判

一　真言密教の教判

密教思想の教判というとむずかしいようですが、「教判《きょうはん》」という言葉は仏教用語ではよく使われ、「教相判釈《きょうそうはんじゃく》」のことを指します。教えがいろいろある場合、それを比較して区別し、また優劣を明確にすることを教判思想といいます。天台宗、華厳宗、法相宗という中国の仏教では教判が盛んに用いられたのです。したがって、空海も日本に真言宗を開くに当たっては、教判という一つの方法論を用いたといっていいと思います。他と比較してみて、どこがどういうふうに優れているか、なぜ、またどの点で密教が優れた特徴をもっているかということを証明するのが、教判です。真言密教の特質を明らかにするために、いろいろな思想、いろいろな宗教との比較をする。そして比較のなかで、密教がこのような特徴をもつ、だから密教はたしかに優れた教えである、ということを論証しようとしたのです。

そのために空海は二つの方法を用いています。その一つは顕教《けんぎょう》と密教と比較してどう違うかということ、もう一つは十住心の思想（十住心の教判）といって住心思想を根底としながらいろいろな思想、宗教を並べ、その上で密教の特徴を明確にするという方法をとるのです。つまり、空海の教判思想というのは、一つは顕密二教の教判であり、第二は十住心の教判という方法を用いて密教の特色を明らかにしようとしたのです。

二　顕密二教の教判

まず、第一の顕密二教の教判には重要な文献が二つあります。その一つは、弘仁六年（空海四十二歳）に書いた密教経論書写依頼の書簡です（『性霊集』巻九）。その内容は、密教の経典を日本の各地に広めたいので書写してくれるようにという依頼の手紙で諸地方に送られたものです。その手紙の前段に、密教というものはこういう特徴をもっているからということを非常に簡潔にしたためた文章があります。そしてその手紙を書いたときと時をあまり隔てずして『弁顕密二教論《べんけんみつにきょうろん》』を書いています。この書物が書かれたのはおそらく弘仁六年、ほとんど同じ頃かもしれないと推定されています。

この書簡と『弁顕密二教論』とは内容的には同じことをいおうとしている。つまり、手紙の方は趣意だけを書いたものですし、『二教論』は資料論といいますか、たくさんの経論を引用して比較をしております。そのような手紙や、資料を中心とした『弁顕密二教論』という書物を見ていきますと、空海が密教を明確にするために、顕教との比較という方法をとっているということがわかります。

次に、空海が顕密二教の教判のなかで何を密教といっていたかということを、その要旨をつかんで五つ挙げましょう。

能説の仏身

まず第一に教えを説いた能説の仏さまのちがいです。仏が説いた（仏説の）お経のなかで、顕教《けんぎょう》は報身《ほうじん》とか応身《おうじん》の仏が説いたものであり、密教は法身《ほっしん》の仏が説いたものだというのです。

いきなりこういうことをいわれてはわかりにくいでしょうが、仏という場合、インドの大乗仏教になりますと、仏に三身《さんじん》があると説いています。第一の法身《ほっしん》が一番もとの仏さまで、次に報身《ほうじん》、その次は応身《おうじん》です。具体的には、応身というのは変化身《へんげしん》とも応化身《おうげしん》ともいい、これはお釈迦さまのことをいっています。報身というのは修行をして仏になった仏さまですが、お釈迦さまではなくて阿弥陀如来や薬師如来といった諸仏の方々を指します。釈尊とは別の仏さまです。釈尊は歴史的な人ですが、初期大乗仏教から諸仏の信仰が出てきます。これらの仏を報身の仏といいます。さて、その二つの仏の一番根底にある仏そのものという考え方がありまして、それを法身というのです。

このような仏の三身説がありますが、空海はそれを心得ていて、顕教は報身、応身の仏が相手の機根（理解力）に応じてわかりやすく説いた教えだというのです。

それに対して密教の場合は、法身である大日如来が自内証《じないしょう》の境地（悟りの内容そのもの）を説いた深遠かつ深秘の教えですが、その教えが同時に人々を導く（教化する）こともできる、それが密教なのだというのです。法身が説法した教えが密教であるというのです。

大乗仏教の法身は仏そのもので、具体的な説法などの活動をしないといっているのに対して、密教になると、その法身は大日如来であるという新しい思想を立て、密教はその法身大日如来が説いたものであるとしている。したがって顕教と密教とは能説の仏身について相違が認められるというのです。

所説の教法

第二には所説の教法、つまり説かれた教えの内容が違うというのです。顕教の教えの内容は因分の教えといい、因分可説《いんぶんかせつ》の立場をとります。因というのは、悟りにいたる修行の段階、修行のプロセスです。ですから、迷った人に対して、こういう修行をしろ、修行が少し進んだら、今度はこの修行をしろというように、修行の過程を説き明かしている教えです。それは権《ごん》（仮）の方便（手立て）ということで、このようにわかりやすく修行の方法を説いたものが顕教の内容であるというのです。

ところが、密教の方はそうではなく、果分可説《かぶんかせつ》といって悟りの内容、悟りの境地そのものを説いている。それは自内証の法であるというのです。法身の悟りの境界そのものを説いているという意味で、それこそが真実深秘の教えだと空海は理解するのです。ですから、説かれた教えの内容もずっと深さがあるのだというふうに解釈するわけです。

ここで密教の深秘性、神秘性というような意味が考えられます。

修行の方法

修行の実際の方法ということでは、顕教の方は基本的には、大乗の菩薩《ぼさつ》の「六波羅蜜《ろっぱらみつ》の修行」です。これは『般若経《はんにゃぎょう》』から始まって大乗仏教で広く実践されている布施《ふせ》・持戒《じかい》・忍辱《にんにく》・精進《しょうじん》・禅定《ぜんじょう》・智慧《ちえ》の六つの彼岸にいたる修行のことで、六波羅蜜といいます。顕教はこの六波羅蜜の修行を中心とするのです。

それに対して、密教の方は「三密加持《さんみつかじ》の修行」といいまして、密教独特の修行です。これは後でまた申しますが、即身成仏のときの修行の方法でもあります。三密加持とは、仏と我れとが一体になる、加持感応する、仏が我れに入り、我れが仏に入り、一体となるという修行の仕方です。そのほか、密教では修法とか観法を重んじ、阿字観《あじかん》、月輪観《がちりんかん》など密教的な修行の方法がいろいろあります。要するに、顕教では説かなかったような新しい密教的な修行の方法があるということです。

成仏の遅速

成仏の遅速については、顕教の教えでは、無限の長い間の修行をしてはじめて仏になれる、「三劫《さんごう》成仏」という言葉を使います。劫は、数え切れない長い時間という意味をあらわします。数えきれないほどの非常に長い時間にわたって修行する。つまり、この世で修行してもすぐには仏になれないという考え方があるのです。要するに、修行は容易ではない、菩薩道《ぼさつどう》は実践するが、最終目的の成仏まではなかなか容易ではないというのです。

これに対して密教では、成仏には長い時間をかけなくとも、この身このまま現世において速やかに成仏できると説き、これを「即身成仏」というのです。この成仏をめぐって、三劫《さんごう》成仏か即身成仏かという成仏の遅速の問題は顕密差別《けんみつしゃべつ》の思想のなかでも最も主要な問題です。そこで即身成仏ということについてはすでに空海が入唐中に、恵果《けいか》阿闍梨から学び、迷えるものがさとりに至る最も速やかな路だと説いています。また帰国後早々に記した『御請来目録』のなかにも、顕教《けんぎょう》は三劫成仏を説き、密教は即身成仏を説くことを明らかにしています。そしてその後、弘仁六年頃に『弁顕密二教論』を著して、そのなかで『大日経』と『金剛頂経』に現生において速やかに成仏することをあげ、ついで『菩提心論』では、菩提心をおこし、菩提心戒をたもち、三摩地《さんまじ》（定）に入れば、仏と一体となり、即身成仏することができるといい、ここで即身成仏という言葉が初めて出てくるのです。

しかしそこに説かれている思想だけでは即身成仏思想の充分な解明とはなっていないのです。そこで空海はその後、『三昧耶戒序《さんまやかいじょ》』や『即身成仏義』などを著わして、即身成仏の可能性の原理や実践の方法について具体的に説いたのです。その要旨を申しますと、人には本来清らかなさとりの心（菩提心）があるから、その菩提心のあることを忘れることなく常に自覚し、日常生活のなかでは、心のはたらきも、身の行いも、語る言葉もすべて正しくし（十善戒）、またしばしば、手に仏の印を結び、口に仏の真言を誦し、心を三昧の境地において仏と一体になる修行（三密加持の行）をすれば、仏の慈悲の心が修行者の心の中に映って、仏心を体得し、仏と一体になる。これを三密加持すれば速やかに成仏すると説くのです。

教益の勝劣

次は、教益《きょうやく》の勝劣です。教益というのは仏教では利益《りやく》といいます。教益の勝劣というのは、教えの利益、感化力、メリットが優れているか劣っているかという違いがあるというのです。顕教の教えはりっぱに説かれているし、いい教えですが、極悪の人とか無仏性の人、どうにもならない人までを救うことは容易ではないといい、教化・救済に限界があるというのです。

それに対して密教は、どんな悪い人でも、罪深い人でもすべてを包んで救う力をもっている教えであるといいます。密教の文献のなかにもそういうことはしばしば強調されています。たとえば陀羅尼《だらに》信仰などをみますと、一番最後に陀羅尼の功徳《くどく》（利益）が書いてあります。これを唱えればいろんなものが救われる、何でも救うように書いてありますから、それを信ずるかぎり間違いないわけです。教益の勝劣ということもそういうところから出てくるかと思います。

空海という人は、顕教、密教を知りつくして比較し、その結論として自分がいま日本に広める真言宗、すなわち真言密教はこういう特徴をもっているから、自分はあえてこの日本に広めなければいけないのだということをいうのです。ですから、教判思想を用いて一宗の独立を宣言していくという方法をとっているのです。

なお、空海は晩年にいたるまで、いろいろな文章の端々に顕教と密教の違いというものを折りに触れて説いています。それを見ますと、顕教と密教の違いというものを通して、密教の優越性と、密教を広めていくという空海の態度が生涯を通じてよく窺われるのです。

第三章　十住心の思想

一　十住心の思想の構成

十の住心

次に、空海は十住心《じゅうじゅうしん》という思想を立てながら密教の特徴を明らかにしようとしています。これを空海の十住心思想といいます。しかし、住心思想はすでに空海が最も尊重した『大日経』にあります。『大日経』の第一章が「住心品」というのです。空海はその『大日経』の「住心品」に注目し、その思想的影響をきわめて大きく受けています。『大日経』「住心品」では、迷える人にだんだん菩提心《ぼだいしん》が開けていって、最後に密教の信仰に入っていくというプロセスを描いています。

それを受けながら空海は、平安初期の日本の思想界、仏教界にあてはめて考え直し、平安初期における現代的な思想の問題として明確にしたのが十住心の思想となるのです。これも空海の本当の考え方からすれば十に限定されなくてもいい。もっと数が多くてもいいわけです。要するに、どんな思想であろうとその時代の思想、主張というものを全部問題にしながら、そして比較思想論的な整理をしながら特定の思想を明確にしていく。そのなかでどれが一番いいかということも方向性として立てる。今日、比較思想研究が日本の学会で行われていますが、そういうものについての先鞭をつけた空海でもあったと思います。

空海が二十四歳のときに書いたものに、出家の宣言書といわれる『三教指帰《さんごうしいき》』があります。これは、儒教、道教、仏教の比較思想論の書物です。空海は儒教を学んだ、道教も勉強した、しかしながら仏教の思想の深さにはとても及ばない、だから、人生を本当に極めていくための最も優れた思想と行動は仏教にあるということをいっています。それが『三教指帰』です。この『三教指帰』は、方法論的にいえば、すでに比較思想論的な探究の書でもあるということは間違いありません。

若い頃やった空海のその比較思想論的な方法論が、晩年に書かれた十住心の思想にも適用されていると思います。その十住心の思想を書いたものが『秘密曼荼羅十住心論』という十巻の書物と『秘蔵宝鑰《ひぞうほうやく》』という三巻の書物です。これは天長七年頃（八三〇、五十七歳頃）の円熟した空海の晩年の代表的な著作であるということと、もう一つはこの書物が天長の「六本宗書」の一つだということです。天長時代に諸宗のなかで最も優れた学者に書物を書いて朝廷に出せという下命により提出された書物を天長の「六本宗書」といいます。六人の人々がそれぞれの宗派の思想をまとめて提出し、真言宗は空海が命ぜられて書いて出したものですが、序文に「天の詔を承って」と書いてあります。こうして空海が最も円熟した時代に最も心を使って書き上げた書物です。そして十巻本を広本といえば、あとの三巻本は略本といってもよく、内容的には両方とも十住心ということになります。

十住心とは、第一異生羝羊住心《いしょうていようじゅうしん》、第二愚童持斎《ぐどうじさい》住心、第三嬰童無畏《ようどうむい》住心、第四唯蘊《ゆいうん》無我《むが》住心、第五抜業因種《ばつごういんじゅ》住心、第六他縁大乗《たえんだいじょう》住心、第七覚心不生《かくしんふしょう》住心、第八一道無為《いちどうむい》

住心、第九極無自性住心《ごくむじしょう》、第十秘密荘厳《ひみつしょうごん》住心です。この第十の秘密荘厳住心が密教の修行を完遂した人の心のことで、いかにも密教的な言葉です。

異生羝羊住心

第一の「異生羝羊住心《いしょうていようじゅうしん》」という言葉は『大日教』に出てくる言葉です。異生というのは、凡夫という言葉と同じで「迷っている人」という意味、羝羊というのは男羊の意味です。つまり、動物のように、動物的な欲望のままに生きて、迷いに迷いを重ねている人、宗教や道徳の意識がまったくない人という意味です。

そういう最低な人がずいぶんいるということは、空海の二つの書物を読みますと、驚くべきことに今日の乱れに乱れた社会世相をそのままあらわしているような書き方です。平安初期の社会もやはり乱れに乱れていたのかと思われる文章です。要するに、そこには道徳も宗教もなくて、人がただ動物的に欲望のままに戯れて、しかも物を奪い、人を殺し、どうにも救いようのないような人間の集まりであることを書いています。空海はこうした人間のどん底の精神生活というものを本当によく描いていると思います。それが異生羝羊住心ということです。

愚童持斎住心

二番目は「愚童持斎住心《ぐどうじさいじゅうしん》」で、愚童は子供のような、あまり智慧が進んでいない人という意味です。持斎心というのは仏教用語です。インドの在家の信者は、一ヵ月のうち六日間は食べ物を食べないで節約して、その分を貧しい人に施しますが、それを持斎といいます。要するに、食べ物を減らしてでも貧しい人に施すという施しの心が起こったという意味です。

空海はここで道徳的に目覚めた人の姿をまざまざと描いています。悪い人が改心して親孝行して後世に名を残すほどの人になった中国の実例をあげているのが、この第二の住心のところです。仏教的にいいますと、五戒十善をよく守っているような人です。五戒十善を守れば立派なわけです。第一の異生羝羊心でだめな人でも、いつまでもだめではなくて、第二の方向に進んでいくことができるということを非常に強調しています。この第二の愚童持斎住心の文章も非常に格調が高くて、書き出しのところを何行か読んでいただくだけでも、すごい文章だなということを感じさせられます。

嬰童無畏住心

三番目の「嬰童無畏住心《ようどうむいじゅうしん》」の嬰童は嬰児《みどりご》の意、無畏というのは恐れのない、心の安らぎということです。これはインドのいろいろな宗教（天乗）の人たちが修行し、信仰して心の安らぎを得ていることをいうのです。つまり、インドのいろいろな宗教の信仰や中国の道教その他の信仰でも一時的な安らぎは得られるから、それはちょうど幼い子がお母さんの懐に抱かれて安らいでいるようなものだというのです。

唯蘊無我住心

第四住心から第十住心までは、仏教的信仰の諸々相を浅いものから深いものへと区分したものです。

まず、第四の「唯蘊無我住心《ゆいうんむがじゅうしん》」というのは、われわれは五蘊《ごうん》が仮和合して存在しているものであって、そこに固定的な自我は認められないという思想です。仏教では、身を色《しき》といい、心のはたらきを分析して受《じゅ》（感受作用）、想《そう》（表象作用）、行《ぎょう》（意志作用）、識《しき》（認識作用）の四つとし、この五つが仮に和合しているから、これを五蘊というのです。人間は心身から成るが、そこに固定的自我はないから、無我というのです。この唯蘊無我を自覚しているのは、小乗のなかの声聞乗《しょうもんじょう》の住心だというのです。

抜業因種住心

第五の「抜業因種住心《ばつごういんじゅしん》」というのは、小乗のなかの縁覚乗《えんがくじょう》の人の住心で、十二因縁《じゅうにいんねん》を観じて、無明《むみょう》と業の種子（因）を抜除し、苦しみを滅して寂滅の安らぎを実証する境地をいいます。

以上の二つの住心は、仏教のなかの声聞と縁覚の人々の住心ですが、具体的に申しますと、原始仏教から部派仏教時代の仏教の思想と修行法を実践している人々の心の状態をさしているのです。声聞というのは仏の教えを聞いて修行し、煩悩をすべて断じて成仏はできないけれども、その下の阿羅漢《あらかん》という位まで進むことを目的とする人々です。また縁覚というのは、仏の教えを聞いて修行するタイプの人ではなくて、仏の説いた十二因縁、諸法縁起《しょほうえんぎ》ということなど、縁起観を自ら静かなところで実修しさとりを得る人をさすのです。しかしこの小乗の二乗の人々は大乗の菩薩乗の人々にくらべると、利他の大悲の心がないのです。

他縁大乗住心

次に第六の「他縁大乗住心《たえんだいじょうじゅうしん》」というのは、特定の人々に対してのみでなく、すべての人々に無差別平等に慈悲心を起こし、利他の行をなす心であります。これは大乗仏教に共通な特色ですが、ここではとくに大乗の初めのところとみて、それは唯識思想を説く法相《ほっそう》宗の教えを学び、さとりに向かう人々の住心だと考えているのです。

覚心不生住心

第七の「覚心不生住心《かくしんふしょうじゅうしん》」というのは、心の本性は不生不滅《ふしょうふめつ》であるとさとる心の意味ですが、色即是空、空即是色や八不中道《はっぷちゅうどう》などを説く思想とも相通ずるものです。これを宗派でいえば、三論《さんろん》宗の教えを学び、修行をする人々の住心です。

一道無為住心

第八の「一道無為住心《いちどうむい》」というのは、一道すなわち一仏乗《いちぶつじょう》によって真如無為をさとる心を意味するのです。これは他の言葉でいえば、すべての人々に仏性《ぶっしょう》があり、心性は清《しょう》浄《じょう》であると自覚する心であります。この住心は天台宗の教えを学び、修行してさとる人々の心であります。

極無自性住心

第九の「極無自性住心《ごくむじしょう》」というのは、顕教《けんぎょう》のなかの至極の境地であり、一切法の無自性の理に達した心の意味です。この住心は華厳宗の教えを学び、修行を進める人々の住心であるとするのです。

以上の第六住心から第九住心までは、順次に法相宗、三論宗、天台宗、華厳宗の住心であり、そこに教判的区別がなされておりますが、しかしまた密教の立場から見れば、それらは順次に弥勒《みろく》菩薩、文殊《もんじゅ》菩薩、観世音《かんぜおん》菩薩、普賢《ふげん》菩薩の三昧《さんまい》であり、ともに大日如来の普門総徳《ふもんそうとく》の部分的に顕現したものであるとも考えられているのです。

秘密荘厳住心

さて、最後の第十の「秘密荘厳住心《ひみつしょうごんじゅうしん》」というのは、仏の身《しん》と口《く》と意《い》との三密《さんみつ》をもって仏の自証（さとり）の極位を荘厳する心という意味ですが、これを他の言葉でいうと、自心の源底を覚知したこころ、如実に自心を証悟したこころであり、これは真言宗の教えを学び、真言宗の修行を完成したときに達する住心であります。

また曼荼羅《まんだら》になりきった心ともいわれ、心の曼荼羅ともいわれています。そしてこの住心は最高の住心であり、前の九住心は第十住心にいたる道程であると説かれているのであります。

九顕一密と九顕十密

このように一から十の住心までを並べて、一から九までの住心を顕教《けんぎょう》とし、第十の住心を密教であるとし、顕教と密教という大きな区分をするのです。ですから、十住心の思想は「九顕一密《きゅうけんいちみつ》」の思想であると見てよいのです。

しかし、それだけではなくて、一から十までは菩提心の展開を示すわけですから、全部が密教であるというのです。それを「九顕十密《きゅうけんじゅうみつ》」というのです。この二つの意味を十住心の思想はもっているのです。これは空海の書物を読んでみるとよくわかります。十住心の教判思想だけではなくて、やはり菩提心の展開、その位置づけ、その思想の体系としての住心思想なのです。『大日教』の「住心品」では菩提心の展開の意味が含まれていましたから、空海もまた十住心を説きながら九顕十密の思想を述べているわけです。

二　十住心思想の特徴

そのなかで十住心思想のいいところはどのへんにあるかということを知っておきたいという方のために、なお若干重要な点にふれてみましょう。

人の心の諸々相

以上の十住心のうち、第一から第三までは世間三箇の住心といいます。第四・第五住心は小乗の二乗の住心、そして第六から第九住心までは四家大乗の住心、第十が密教の住心であります。

十住心の思想は人の心のさまざまな姿というものをあらわしているということがいえそうです。四から九までは専門的ですからさておいて、第一住心と第二住心と第十住心の三つぐらいを組み立てて考えることも大切です。つまり、第一の欲望のままに生きて道徳も何もめちゃくちゃな人間の心、二番目のように道徳的には目覚めているが、宗教としては仏教の信仰の深さというところまでは行っていないというような人、第十は仏教とくに真言密教の信仰の深さを心得て真実に生きる人の心です。

人間の心の諸々相として十住心の思想を考えながら思うことは、私自身の精神生活というものも一から二へ、そして二から十へを行ったり来たりしており、それ以外ではなさそうです。秘密荘厳住心の遥かなる素晴らしさを伏しあおぎつつ、我が心は一から二を行ったり来たりしているのではないかと思うことがあります。

第一住心のところを読みますと、人間の悪というものがことこまかに表現されていますが、第二住心になるとほのぼのと救われたようになります。冬の枯れ木立もいつまでも枯れ木立ではない、春になれば芽を吹き花が咲く。深山の氷河もいつまでも氷河ではなく、夏になれば氷が解けて清冽な水の流れになっていく。人間はいつまでも悪であるのではない、何かの動機があれば必ず心が善に向かい、救われてくるということです。

今日的なわれわれからすれば、一と二と十とを結びつけて、そのなかで密教的な信仰というものをどのようにして形成していけるかということを考えてみることも大切です。

比較思想論的考察

またいろいろな思想、宗教というものを構造論的に考えるということ、そしてそれを比較することも必要です。それは平安初期の空海の方法論でもありましたが、歴史的には日本思想史のうえでも非常に注目すべき思想の体系であったし、今日的にもわれわれはそのようなものの考え方をいうのは当然なくてはならないのではないか。そういう意味で空海の思想に教えられるところは非常に多いのです。

心の曼荼羅

最後に、やはり秘密荘厳心の中身が知りたくなるわけです。それはいったいどういう心なのかということになると、二つの書物の初めの方を全部読むのは面倒なら最後のところだけを開いて読んでいただくということになりますが、そこではやはり即身成仏したときの心ということですし、空海はこれを「心の曼荼羅」あるいは「自心の仏」という表現をしています。「心の曼荼羅」とか「自心仏」という考え方は、空海の思想の根底にあるものと私はいつも思います。そういった人間の心の深さというものをいつも考えるような捉え方というのが空海の思想に非常に強くありますし、また、密教の目指すところもそのへんにあると考えられます。

こうして空海は、密教を明らかにし、真言宗を広めるためには密教のよさ、素晴らしさ、優越性というものを明確にしなければならない、そのための方法論として「顕密二教」および「十住心」の思想を説いているのです。

第四章　真言密教の仏陀観

仏陀観というのは、わかりやすくいえば、真言宗あるいは真言密教ではどういう仏さまを拝んでいるかということです。ということは、ほかの宗派ではどういう仏さまを拝んでいるかということと関連するわけです。キリスト教やイスラム教など諸々の宗教ではどういうものを信仰の対象とするかと問うことと同じことです。宗教というものの基本的な構造のなかで、必ず信仰の対象の問題があります。そういう意味で、密教でも信仰の対象というものをどう考えているか、どのように信仰するのか。これは宗教の主要なテーマの一つとして十分考えなければならない問題です。

実は、同じ仏教の流れのなかでも、真言密教の仏陀観というのが最も複雑なのです。ただ信仰すればいいというのではなくて、信仰の対象が非常に多様性をもっているわけです。それだけいろいろな意味でその意味するところが深いともいえます。とくに密教の美術とか芸術というものがいわれ、仏像などが描かれたりつくられたりしておりますが、密教の仏陀観を背景にしてはじめて、密教美術も十分価値あるものになると思います。そういう点でも密教の仏陀観の考察は非常に重要です。

それでは、まず全体的に真言密教の仏陀観を理解していただいて、後に部分の問題を考えたいと思います。

一　総説

釈尊から諸仏諸菩薩へ

大乗仏教という大きな仏教の流れがありまして、そこでいろいろな仏・菩薩の信仰があらわれてきます。仏陀観の発達・変遷という問題は、仏教の研究の範囲では非常に重要なものです。

釈尊という人は無師独悟であり、自分でさとってみずからが仏陀となったのです。バラモン教などではいろいろな神がありましたが、釈尊はそういうものは崇拝しませんでした。ですから、仏陀というのは、ご自身をさしてわれは仏陀になったといわれたのです。そして、弟子・信者をたくさんもって新しい仏教教団を形成し、発展させていった。それが釈尊の一代であったと思います。

ところが、釈尊が入滅してのち、弟子・信者や、その後の信者たちも次々と変わっていった後代になると、釈尊をただ人間仏陀ではなく、超人間的仏陀であると考えて、その釈尊一仏を崇拝の対象としたのです。

最初の頃は仏像はまだできていません。ガンダーラで初めて仏像ができるのです。それ以前はストゥーパ（仏塔）を建てまして、そのなかに仏舎利《ぶっしゃり》（お骨）を入れた。その仏塔崇拝が続きます。それだけではなくて、菩提樹のもとで釈尊が悟られたということから、菩提樹崇拝になるのです。菩提樹（ボーディ・トゥリー bodhi tree）を彫刻で描いて、それに礼拝する。その彫刻が今もいろんなところに残っています。もう一つはチャクラ崇拝といって法輪《チャクラ》をおがむのです。転法輪《てんぽうりん》とは釈尊が法を説いたことですが、法輪《ほうりん》をつくってそれをおがむ。この三つの形式がしばらく続いたのです。

ところが一、二世紀頃、ガンダーラにギリシアの技術者が来て、そのギリシアの彫刻の技術をもって仏さまを彫刻してみようとした。そこで初めて仏像ができたのです。ガンダーラの仏像はほとんど釈尊なのです。釈迦牟尼仏《むにぶつ》をいろんなお姿で彫刻していますが、その頃はまだ仏陀観は発展しておりませんでした。

それが大乗仏教、いわゆる初期大乗から中期大乗になりますと、三世十方《さんぜじっぽう》の諸仏諸菩薩というところまで、にわかに仏の世界が花が開いたごとく展開してくるのです。これはまったく不思議といえば不思議です。初めは釈尊一仏の信仰であって、釈尊のみであったものが、後世の人はそれだけでは飽き足らなかったのか、大乗仏教になると東方の阿閦仏《あしゅくぶつ》、西方の阿弥陀仏、それら四方、あるいは十方――四隅も上下もあらゆるところに仏はましますというのです。つまり、仏というものは普遍的なものであり永遠なるもの、変わらざるもの、時間と空間を超えた仏というものを信仰するようになるのです。初期の大乗仏教から中期の大乗仏教の経典を見ていくと、三世十方の諸仏諸菩薩といった信仰の対象が続々と出てまいります。

統一的な仏陀観の成立

そのように大きな変化があったその後に、密教の時代がくるのです。ですから、密教は初期から中期の大乗仏教におけるいろいろな仏・菩薩のさまざまな信仰をそのまま受けつぐわけです。仏さまの名前もまったく同じものをたくさん受けつぎながら、密教の時代になってはじめて大日如来という根本的仏陀の信仰が現われ、また明王《みょうおう》というような時代的な特殊な仏も続々と現われてくるのです。また、仏さまであっても非常に特殊な仏さま、大日如来をいろいろな角度から見直す諸々の仏さまが出てくる。密教になってまた次々と新しい仏が誕生したといったらいいと思います。それがいわゆる密教の仏たちなのです。

以上を要約しますと、初期仏教の釈尊一仏信仰と大乗仏教の仏陀観を受けつぎながら、さらに密教時代の特異な仏陀観を発展させたのですが、それら全体を含み、しかも全体を統一する仏が考えられたのです。それが法身《ほっしん》大日如来であって、その大日如来がさまざまな仏にあらわれているのだと考える統一的な仏陀観が成立したのです。これは『大日教』や『金剛頂経』にあらわれた仏の考え方です。そういうわけで、簡単に諸仏は大日如来のあらわれだと説くのですが、それは仏陀信仰の長い歴史というものをこのなかに含んでいるわけです。

そしてこの基本的な思想がいったんでき上がりますと、すべての絶対的な仏、普門総《ふもんそう》徳《とく》の仏を大日如来とし、それに対して、仏・菩薩・明王・天などは一門別徳《いちもんべっとく》の仏として位置づけられます。

大日如来――――――普門総徳 ┐
　　　　　　　　　　　　　　├ 普門即一門
諸仏・菩薩・明王・天――一門別徳 ┘

それぞれ仏や菩薩や明王・天などがあっても、それは大日如来の徳の一部分をあらわしている。あるいは、大日如来がそういう特定の形をとってあらわれているというふうに理解するわけです。そして、それは統一されているから「普門即一門」ということです。あるいは「一門即普門」といってもいいわけです。ここで統一されていますから、観世音菩薩を信仰するということは一門の信仰です。それは法身大日如来信仰と矛盾するものではない。観音さまの後ろに大日如来がいるというふうに考えてもいいのです。

すべてばらばらではない。裏づけされているものは大日如来である。個々のものがあって、そのどのものの背景にも裏打ちされているもの、絶対なる広がりをもつものを大日如来というのです。その大日如来を背景として、個々の仏さまはそれぞれの誓願《せいがん》、人々を救うという願いをもって、人々を救うために救済の手を差しのべる。そのように密教の仏陀観は統一的な仏陀観です。限りなく広がりながら、しかしきちんと統一するということになる。『大日経』とか『金剛頂経』という密教の経典のなかでも、純粋密教といわれるお経のなかでは、このような統一的仏陀観が示されているのです。弘法大師はそのような仏陀観をそのまま受けついで非常にわかりやすく説いているのです。

そうした統一的な仏陀観をかたちのうえにあらわしていく、具体化してみるのが「曼《まん》荼羅《だら》」というものです。曼荼羅というのは、大日如来を中心として諸仏諸菩薩は一つに統一されているということを、図のうえ（平面的な表現）に、あるいは彫刻のうえ（立体的な表現）に示してわかりやすくするという配慮がなされたものです。ですから、曼荼羅というのは統一的な仏陀観を非常にわかりやすく示したものであります。もっといえば、諸々の仏の世界というものをわかりやすくするために形のうえに示したものです。

弘法大師の文章を見ましても、仏の世界というのはなかなかわかりにくい、だからして、図絵にあらざれば深い意味を示すことあたわず、と説かれています。曼荼羅とはそういう目的で成立したのです。

密教の仏陀観は、大日如来を中心とする統一的仏陀観となっているのですが、しかしまた具体的には、諸仏・菩薩・明王・天などはそれぞれの大きな誓願をもち、人々を救うために救済の手をさしのべているのです。そしてここに密教の世界が展開しているのです。

二　本尊——具体的信仰の対象

私たちがお寺へ行って拝む仏さまはいろいろあります。そういう場合「本尊」という言葉を使うのです。つまり、具体的には一門別徳の仏が必ず信仰の対象になっています。ですから、真言宗のお寺へ行ってお参りをするならば、そこの本尊というのが必ず中心に安置されています。私たちは、お寺の名前を見たり聞いたりすると、たぶんこの寺の本尊はこの仏さまだろうということを推定することができます。お寺の名前というのは本尊と深い関係があるのです。西光院とか西光寺などというお寺の本尊は何かというと、阿弥陀さまということになります。お寺の名前は仏さまをあらわしています。

いずれにしましても、お寺へ参りますと、本尊がみんな違います。大日如来、阿弥陀如来、薬師如来、菩薩でも観世音菩薩、地蔵菩薩、文殊菩薩、普賢《ふげん》菩薩、あるいは不動明王、愛染明王、毘沙門天などがあります。ある人が豊山《ぶざん》派、智山《ちざん》派、高野山派などいろいろ分かれている真言宗のお寺の本尊を調べて、それぞれの仏さまの数がどのくらいあるかと統計をとってみましたが、実にさまざまであるということでした。

いったいどうしてそんなにばらばらなのだろうかということですが、これは、先ほど申したように真言密教では大乗仏教の仏・菩薩をそのまま受けついだからです。また、密教時代に信仰の対象になるものも新しくあらわれてきた。それらを全部受け入れているからです。そしてそれらのどなたかをご本尊として、それにふさわしいお寺の名前をつけたのですから、本尊の多様性というか、非常に数が多いということになります。

浄土宗や浄土真宗ではみな阿弥陀一仏信仰であることははっきりしています。それに対して、密教はあまりにも幅が広くてとりとめがないではないかといわれるおそれはありますが、とにかく、密教でも大日如来が背景にあるという考え方と、それから、どんな仏・菩薩であろうと、その精神内容というものは慈悲と智慧で、これをはずしたら仏教の信仰の対象にはならないわけです。形は変わろうが何であろうが、とにかく慈悲の精神、しかも絶対の慈悲（大慈悲）、絶対の智慧（大智慧）をもっているのです。不動さまであろうが、観世音菩薩であろうが、形相が変わっていようとも、もとをただせば、人々に対する慈悲と智慧をもっている。だから帰依の対象になるのです。これは重要な点であろうと思います。

そういったわけで、本尊はどこのお寺へ行ってもみんな違うのです。そして、それは大日如来に統一されているという統一的仏陀観を背景としているのです。

三　大日如来と四仏

密教の中心的な仏という密教思想の立場からすれば、大日如来と四仏を合わせた五仏が密教の仏陀観の中核を成すのです。

中央に大日如来、そして四方に四仏がまします。それで合わせて五仏といいます。五仏思想の成立過程を考えると、初期大乗仏教から中期大乗仏教へと発展する頃に、まず四方の四仏思想が成立したのです。そしてその後、『大日経』が成立する時代になると、大日如来が新たに信仰の対象としてあらわれ、それをはじめて四方の四仏の中央に位置づけ、四仏は大日如来の化現であるとし、ここにはじめて密教の五仏思想が成立したのです。

五仏というときに、胎蔵界《たいぞうかい》の五仏と金剛界の五仏という分け方があります。これは前にもちょっとふれたと思いますが、『金剛頂経』による仏の世界を金剛界曼荼羅、『大日経』による仏の世界を胎蔵界曼荼羅といいますが、それによるのです。

そこで金剛界の五仏というと、大日如来、阿閦《あしゅく》如来、宝生《ほうしょう》如来、阿弥陀如来、不空《ふくう》成就《じょうじゅ》如来であり、中央に大日如来、東南西北に四仏を位置づけるのです。胎蔵界の五仏となると、中央に大日如来、四方に宝幢《ほうどう》如来、開敷華王《かいふけおう》如来、無量寿《むりょうじゅ》如来、天鼓雷《てんこらい》音《おん》如来を配するのです。このなかで阿弥陀如来は無量寿如来であり、これはもちろんもとの言葉も同じわけですが、その他は多少言葉が違いますが、しかし、結局は同じ仏なのです。

ただ、専門的にいいますと、たとえば「不空成就如来」という言葉を出すと、それは金剛界の仏さまだな、「天鼓雷音如来」というと、それは胎蔵界の五仏の一つだというふうに区別するわけです。

また、仏の智慧として、五つの智慧をいいます。その五智とは法界体性智《ほっかいたいしょうち》、大円鏡智《だいえんきょうち》、平等性智《びょうどうしょうち》、妙観察智《みょうかんざっち》、成所作智《じょうしょさち》をいうのです。これは歴史的には唯識思想であり、唯識では大円鏡智以下の四つの智を説いており、四智説です。法界体性智だけが密教の言葉なのです。ですから、唯識思想の四智に、法界体性智を加えて密教の五智思想が成立したのです。いわゆる四智説から五智説へという発展があるのです。ここでもわかるように、密教というのは大乗仏教のいいところをみんな土台にして、その上に発展させていくのです。要するに、大日如来と四仏とを中心として五仏思想が成立したのですが、その五仏に五智を配当して五智如来ということもあるのです。

四　仏身観

仏陀観の発達につれて、諸仏を仏身《ぶっしん》という観点から区別する考え方もあらわれてきました。これが仏身観の問題です。この仏身観は一身説から二身説へ、二身説から三身説へ、三身説から四身説へと進むのです。

一身説から二身説へ

釈尊一仏の場合は一身でいいわけですが、初期大乗の時代には二身説になるのです。釈尊はもともと歴史的な仏ですが、もっと深い奥にある仏というものを考えるようになってきます。釈尊はこの世に生まれて八十歳で入滅された。それはこの世にあらわれた仏ですから、変化身《へんげじん》といいます。この世の人々を救わんがために、あえて人の姿をとってこの世にあらわれてきた。そして人々を救い、仏教教団を形成し、その目的をほぼ達したので涅槃の雲に隠れたと解釈するようになるのです。ですから、釈尊は変化身であるというのです。

しかし、変化するということの裏には、もっと元の仏がある。仏そのものというか、変わらざる本来の仏というものが信仰されてくるのです。初期大乗仏教の信仰形態を見ると、釈尊一仏などの他に阿閦如来や阿弥陀如来、薬師如来などの信仰がありますが、また『法華経』のように釈尊を仏陀伽耶《ブッダガヤ》の近くで成仏した仏すなわち、伽耶近成《がやごんじょう》の迹《じゃく》門《もん》の仏と、久遠実成《くおんじつじょう》の本門《ほんもん》の仏を立てますが、これらは仏の二身説です。

二身説から三身説へ

ところが中期大乗仏教になると二身説から三身説へと発展するのです。その三身とは法身《ほっしん》と報身《ほうじん》と応身《おうじん》の三身とせられ、あるいは自性《じしょう》身と受用《じゅよう》身と変化身との三身ともいわれます。これをわかりやすくいいますと、応身とか変化身とかいうのは釈尊で、報身とか受用身とかいうのは阿弥陀如来や薬師如来など大乗仏教で説く諸仏をいうのです。この報身や受用身というのは、因の修行をしてその結果として報いられて成仏している仏という意味で、たとえば阿弥陀如来はもと法蔵《ほうぞう》菩薩であったが、法蔵菩薩が四十八の願を起こして、やがて修行が完成して阿弥陀（無量寿、無量光）如来となったのです。

それに対して、法身あるいは自性身というのは、仏そのものという考え方です。それは特定の仏ではなく、阿弥陀如来や薬師如来などすべての仏の根底をなすものであり、また釈尊の根底をもなすものであり、仏そのものであると考えているのです。したがって、その法身・自性身は姿も形もなく、説法もしない。しかし理念として考えざるを得ない仏なのです。こうして、大乗仏教では二身説から三身説へと発展していったのです。

密教の仏身観――四身説

ところが密教になると、第一に法身の内容が問題になるのです。従来、理念としてあるいは抽象的概念として考えられていた法身・自性身は法身大日如来にほかならないのだと断定し、したがって報身や応身の諸仏の根底にあるものは法身大日如来であると考えたのです。ここに仏身観・仏陀観上の大きな変化・発展のあることに注目しなければならないと思います。

それから、三身説に新たに等流《とうる》身を加えて四身説が成立したのも密教の仏身観の特色です。等流身とは等しく流れ出たという意味ですが、釈尊以外の菩薩や縁覚、声聞、諸天、その他仏界以外の九界のものであっても、生きとし生けるものを救済するものは、みな大日如来から等流したものですから、それを等流身と考えたのです。これは仏の概念を非常に拡大していると思います。しかし、大日如来を中心とした統一的仏陀観、あるいはそれを具体的に考えた曼荼羅的仏陀観では、この四身説も認められるのです。

また四種身《ししゅしん》を密教では四種法身《ししゅほっしん》ということがあります。それは法身が四身にあらわれているのだから、四身を自性法身、受用法身、変化法身、等流法身といいうるというのです。そしてここにも、法身の拡大解釈が見られるのです。

五　信仰の対象

次に、信仰の対象という具体的なことを考えたいと思います。総説でいいましたように、諸仏・菩薩・明王・天などといっても具体的にはいったい何なのかということです。また、古いお寺や密教美術展などへ行って実際にお目にかかる仏さまは実にたくさんあります。そういった仏さまのうちで、その主なものだけでも、いったいどのくらいあるのだろうかということくらいはお話ししたいと思います。これは別に思想という問題ではなくて、いわゆる信仰の対象です。先ほどのお寺の本尊さまというのも、こういうところのどれかだということにもなるから、表示するような形で部類分けをしました。

如来部（仏部）

まず、一番中心になるのが大日如来と四方の四仏です。大きなお寺では五仏をまとめて安置しているお寺もあります。あるいは、大日如来なり四仏の一体だけを安置しているということもあります。いずれにしても、そういう場合、密教の五仏のなかの一仏だということです。阿弥陀さまといえば五仏のなかの阿弥陀仏と、真言密教ではいいます。浄土宗、浄土真宗では阿弥陀さまだけの信仰に統一されていますが、真言では阿弥陀さまの信仰もいいし、他の仏さまの信仰でもよいというふうにしているのです。

そのなかでも大日如来のお姿の特徴といえば、頂きに宝冠をつけている。普通、仏さまというのは仏形で、菩薩形と区別があります。仏形というのは出家の姿をしています。

貴族の形をしていて、いろいろな立派なもので身を飾っているのが菩薩です。仏さまというのは飾りをつけない出家の姿なのです。ですから、阿弥陀さまやほかの方でもみなそうです。ただ、一番後で信仰された仏さまである大日如来だけは、菩薩の姿をしています。宝冠をかぶっていて、装身具をいっぱいつけているのが大日如来です。私たちが実際に拝んだときに、装身具があるし宝冠もかぶっていらっしゃるので、これは大日如来だな、普通の如来とはちょっと違うなというのがわかります。

また、大日如来の場合は必ず二つの姿があります。胎蔵界の大日如来と金剛界の大日如来とありまして、姿が違います。とくに印の結び方が違います。また真言も違います。美しい身飾りで、派手派手しいかっこうのが、金剛界の大日如来です。阿弥陀さまに近いようで、手の組み方がちょっと違うのが胎蔵界の大日如来です。このようにお姿が違うわけです。

仏頂部

この仏頂部《ぶっちょうぶ》というのは非常に密教的な仏です。普通の大乗仏教では出てこない。仏の頂き（頭頂）の優れた点を仏さまというふうに仏格化してくる。結局は大日如来と同じ形をしていて、つまり菩薩形をしているのです。そういう仏頂部の仏さまというのがあります。一字金輪《いちじこんりん》仏頂、尊勝《そんしょう》仏頂、熾盛光《しじょうこう》仏頂といって親しみにくい名前かもしれませんが、そういう仏さまも密教のお寺へ参りますと実際に描かれたり安置されたりしています。

仏眼部

仏の眼《まなこ》というのは、世間を照らす智慧の眼を仏と考えます。また、仏母《ぶつも》というのは般若をいうことがありますから、般若仏母といったり、仏眼仏母《ぶつげんぶつも》といいます。実際に仏さまの姿も描かれていますし、仏眼仏母の真言もあるくらいですから、密教では信仰の対象として形で姿をあらわし、それを拝む方法があり、唱える真言もあります。これも密教の特徴です。

金剛部

この金剛部もまた密教の仏さまなのです。とくに金剛薩埵《こんごうさった》（ヴァジュラサットヴァ vajra sattva）、あるいは金剛手《こんごうしゅ》菩薩といったりします。これは最も代表的な密教の菩薩だといえます。どうしてかといいますと、大日如来から直接に法を受けついだ最初の方が金剛薩埵であるということです。実在の人のように思われるかもしれませんが、実際は実在ではなくて、信仰のうえで菩提心を起こし、やがて仏になるという菩薩です。菩提心を象徴する菩薩を金剛薩埵というのです。これは付法の八祖といって、大日如来、金剛薩埵、龍猛《りゅうもう》、龍智《りゅうち》、金剛智《こんごうち》、不空《ふくう》、恵果《けいか》で弘法大師は第八番目だという付法の八祖のなかの一人で、大日如来のすぐ下に位置します。胎蔵界の曼荼羅のうち、金剛手院というところにたくさんの仏さまが並べてありますが、その中心になるのが金剛薩埵でもあるわけです。そういうことで、金剛薩埵は大日如来の後を継ぐという、しかし実際は菩提心を象徴した一つの仏さまと考えていいと思います。

私は以前にスリランカ（セイロン）を旅行したことがあります。あそこには一時、密教が非常に栄えたところで、博物館に仏像がいろいろありますから、何か密教の痕跡はないものかと思いましたら、小さいものですが、ヴァジュラサットヴァ（vajra sattva）

＝金剛薩埵が陳列してありました。古いもので、そこには一点しかありませんでしたが、実際はもっとたくさんつくられたのだろうと思います。

菩薩部

菩薩部は大乗仏教とのつながりがかなり多いのです。菩薩のなかではやはり観音信仰が圧倒的で、密教でもそうです。ですから、インドの観音信仰がそのまま中国や日本の観音信仰となるのです。

まず、聖《しょう》観音は一番最初の観音です。『法華経』に出てくる観世音菩薩です。十一面観音、千手《せんじゅ》観音（千手先眼《せんじゅせんげん》観音）、不空羂索《ふくうけんざく》観音などの観音信仰は日本では奈良時代にあります。大和の長谷寺は十一面観音ですし、千手観音もまた多くありますし、不空羂索観音は東大寺の三月堂にある大きな仏さまがそうです。

次に、如意輪《にょいりん》観音、准胝《じゅんでい》観音、馬頭《ばとう》観音というのはおそらく八世紀以後に成立したのでしょうが、そういうものがみんな日本に伝わってきております。

要するに、観音の信仰の歴史はきわめて長いということです。『法華経』の成立頃からです。つまり、紀元一世紀頃から密教の盛んな八世紀以後までずっと観音信仰は続いてくるのです。その間に変化《へんげ》観音が続々とあらわれてくるのが密教時代だと考えていいのです。中国へきてさらに変化観音がいろいろ出てきます。そして、観音さまほど幅広い信仰を集めた仏さまはないくらいです。

そのなかでも関西の平安初期の古い密教の大きなお寺に行くと、意外にも如意輪観音が本尊であったり、准胝観音が本尊であったりということがあります。十一面観音とか千手観音はきわめてポピュラーです。京都の三十三間堂の千体観音は確かみな千手観音です。ちなみに、千手といっても、実際には、手の数は四十六とか五十幾つとか数は多少違います。千手千眼のはずですが、そうまで表現はできないから、ある程度の数になってくるわけです。

その次に、文殊、普賢《ふげん》、弥勒《みろく》の諸菩薩、地蔵菩薩、日光菩薩、月光《がっこう》菩薩などは、大乗仏教の菩薩をそのまま密教でも受けついでいるのです。しかし虚空蔵菩薩や除蓋障《じょがいしょう》菩薩は密教になってからの菩薩でしょう。

明王部

また、明王部《みょうおう》という仏さまもいろいろありますが、密教独自のものです。明王というのは、サンスクリット語でヴィディヤー（vidyā）、呪文の「呪《じゅ》」とか「明呪《みょうじゅ》」と訳される言葉です。真言、陀羅尼の功徳の力を非常に重んじていて、そういう力をもつ仏ということです。明呪、真言、陀羅尼をつかさどる尊（仏）だというふうに考え、密教時代になって新たに明王の信仰が成立してくるのです。

『孔雀明王経』はかなり古い成立の経典ですが、このなかに孔雀明王が説かれています。明王のなかでは五大明王が一番ポピュラーです。不動さまが中心で、降三世《ごうさんぜ》、軍荼利《ぐんだり》、大威徳《だいいとく》、金剛夜叉《こんごうやしゃ》があり、これが五大明王（五大尊）です。松島に五大堂という堂がありますが、五大尊を祭っているところからきた名前です。

この他、愛染《あいぜん》明王とか大元帥《だいげんすい》明王と称する明王もあります。

天部

次が天部です。天とはデーヴァ（deva）という言葉で、元来はバラモン教のなかで信仰されているいろいろなデーヴァ（神）なのです。その神々が仏教守護の神でもあるということで、仏教に受容されました。十二天は護世の天部で、次のようになります。(1)帝釈天《たいしゃくてん》（東方）、(2)火天（東南方）、(3)焔摩天《えんまてん》（南方）、(4)羅刹天《らせつてん》（西南方）、(5)水天（西方）、(6)風天（西北方）、(7)毘沙門天《びしゃもんてん》（北方）、(8)伊舎那天《いしゃなてん》（東北方）の八尊は四方四隅の八尊であり、これに(9)梵天（上方）、(10)地天（下方）、(11)日天、(12)月天の四天を加えて、十二天というのです。また東南西北の四方に各々五天を配して二十天となすものもあります。

また、吉祥天《きっしょうてん》、弁財天《べんざいてん》、歓喜天《かんぎてん》などがあります。歓喜天は聖天《しょうてん》さま（ガネーシャ神）のことで、象の形をして抱き合っており、秘仏とされています。その他、大黒天《だいこくてん》などいろいろな天部の信仰があります。

六　八祖

八祖は真言宗の教えを伝えた祖師と仰がれている人々ですが、これには付法《ふほう》の八祖と伝持《でんじ》の八祖との二種類があります。

付法の八祖

付法の八祖というのは、密教の教えを師から弟子へ、弟子から孫弟子へと、直接的に付法相承《そうじょう》、以心伝心という形で伝えた系譜をたどるものです。

大日如来―金剛薩埵《こんごうさった》―龍猛《りゅうもう》―龍智《りゅうち》―金剛智《こんごうち》―不空《ふくう》―恵果《けいか》―弘法大師と付法相承した八祖を付法の八祖というのです。大日如来・金剛薩埵は信仰上の祖師であり、龍猛以下の六祖は歴史的人物です。そのなかで、龍猛と龍智はインドの密教相承者であり、金剛智はインドの人で中国に来て密教経典を訳出し、密教を伝えた人です。不空は中国で成長して金剛智の弟子となり、金剛智の没後、インド（セイロン）に留学して密教を学び、多くの密教経軌を中国にもたらして訳出し、密教を弘め、中国に密教という一宗を創設した人です。恵果は不空の高弟であり、中国密教の弘通につとめ、その恵果から密教を相承して、日本に伝え、真言宗を開創した人が弘法大師空海であります。

伝持の八祖

しかし、付法のように直接伝わらないが、伝持といって密教を伝えた人という意味で八人います。龍猛、龍智、金剛智、不空までの四人は付法の八祖と同じですが、これに善無畏《ぜんむい》と一行《いちぎょう》を加えます。善無畏はインドの人で、中国へ来て『大日経』を翻訳し、一行は『大日経疏』という注釈書を著作した人です。この六人に付法の八祖のうちの恵果と弘法大師を加えて、これを伝持の八祖といいます。

龍猛——龍智——金剛智——不空——善無畏——一行——恵果——空海です。

真言宗のお寺へ参詣しますと、本尊の両脇に彫刻の像として八祖が並んでいる場合があり、絵に描かれた立派な掛け軸になっているのもありますが、それは伝持の八祖です。

なお、真言宗のお寺には宗祖弘法大師を安置していますが、また宗祖弘法大師と中興の祖興教《こうぎょう》大師覚鑁《かくばん》との両大師を安置しているお寺もあります。

七　曼荼羅

1　曼荼羅の成立と意味

密教では、信仰の対象である本尊とその眷属《けんぞく》をまとめて描いて供養し祈願する修法が行われることが多く、五世紀の密教経典によれば、すでにその本尊と眷属の修会《しゅうえ》の曼荼羅が成立しているようです。その後、密教では多くの仏・菩薩・明王・天などを信仰していて、信仰の対象が多彩であるとともに、また供養し、祈願する修法もさまざまになってくるのです。そうした信仰の多様性のなかで、一方ではそれぞれの一尊とその眷属というグループの集会の曼荼羅が成立するとともに、他方ではまた多彩な信仰の対象を密接に関係づける統一的仏陀観が成立しました。そして、それを具体的に表現するために、大日如来を中心とする総合的な曼荼羅が成立しました。それが七世紀頃に成立した『大日経』による胎蔵界の曼荼羅と『金剛頂経』による金剛界の曼荼羅です。

曼荼羅《まんだら》という言葉はサンスクリット語のマンダラ（maṇḍala）の音写語です。maṇḍalaは語基のmaṇḍaにlaという接尾語がついた合成語で、「本質を有するもの」「真髄を得たもの」という意味です。そしてそれは宗教的にいえば「正覚をひらいたもの」という意味です。また仏があらゆる功徳を備えている状態をさしています。中国の言葉に意訳して輪円具足《りんえんぐそく》といいますが、それは仏のあらゆる功徳をそのなかに円《まど》かに備えているという意味です。

曼荼羅ははじめは方壇《ほうだん》とか円壇とかをさしていわれ、その上にいろいろな仏を描いて礼拝供養したのですが、後には諸仏・菩薩などを描いた集会の状態をさすようになったのです。

2　両部曼荼羅

曼荼羅には特定の本尊とその眷属の集会という形式の曼荼羅があり、これを別尊《べっそん》曼荼羅といいます。

これに対して、大日如来を中心として四方の四仏をはじめ、多くの菩薩・明王などを配する総合的な曼荼羅があり、それが胎蔵界曼荼羅です。

また、大日如来と四仏を中心としながら、金剛薩埵が成仏する様相を示したものがあり、それを金剛界曼荼羅といいます。そして、この二つの曼荼羅を総称して両部《りょうぶ》曼荼羅というのです。

胎蔵界曼荼羅

まず胎蔵界曼荼羅は、『大日経』とその注釈書『大日経疏』による曼荼羅です。これは経疏に解説されている曼荼羅ですから、経疏の曼荼羅といいます。そしてこれをわかりやすく図絵したものを現図曼荼羅といいます。現図曼荼羅は中国密教が成立するとともに成立したと考えられ、空海が入唐して日本に請来したものも現図曼荼羅です。

この胎蔵界の曼荼羅は十三大院から構成されています。中央には中台八葉院《ちゅうたいはちよう》があり、その周囲に十二院があります。まず東方に遍知《へんち》院、釈迦院、文殊院、外《げ》金剛部院、南方に金剛手《しゅ》院、除蓋障《じょがいしょう》院、外金剛部院、西方に持明《じみょう》院、虚空蔵《こくうぞう》院、蘇悉地《そしつじ》院、外金剛部

胎蔵界曼荼羅

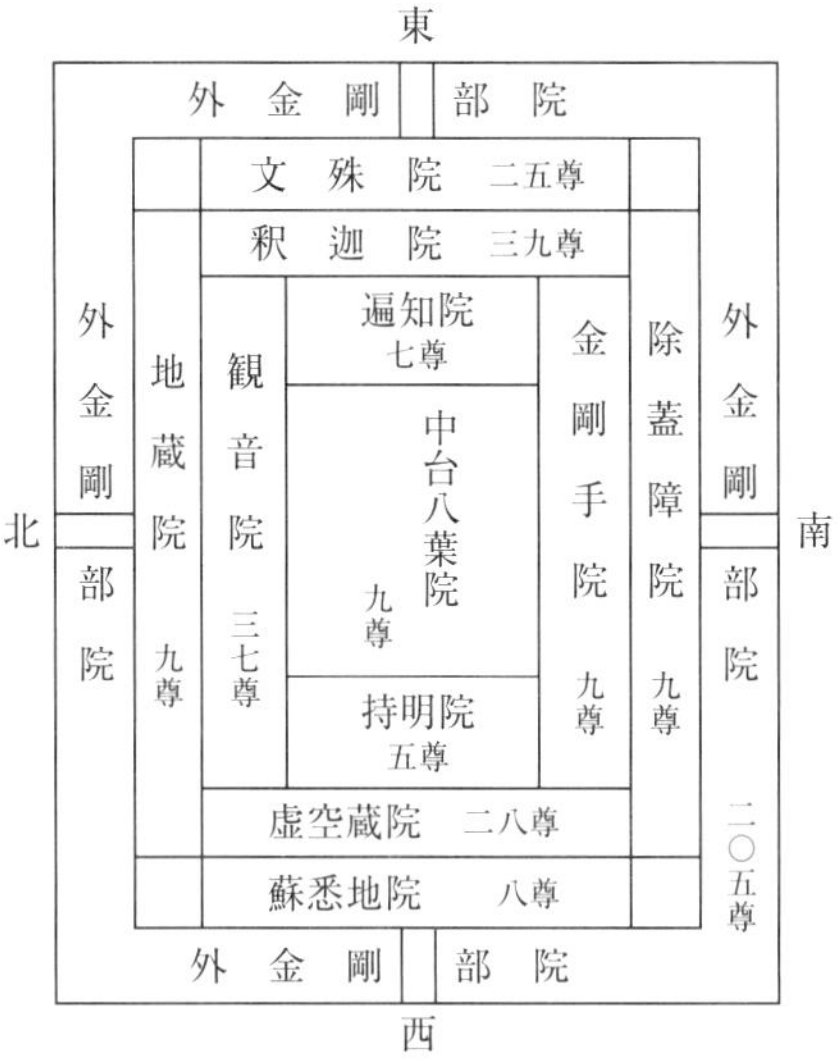

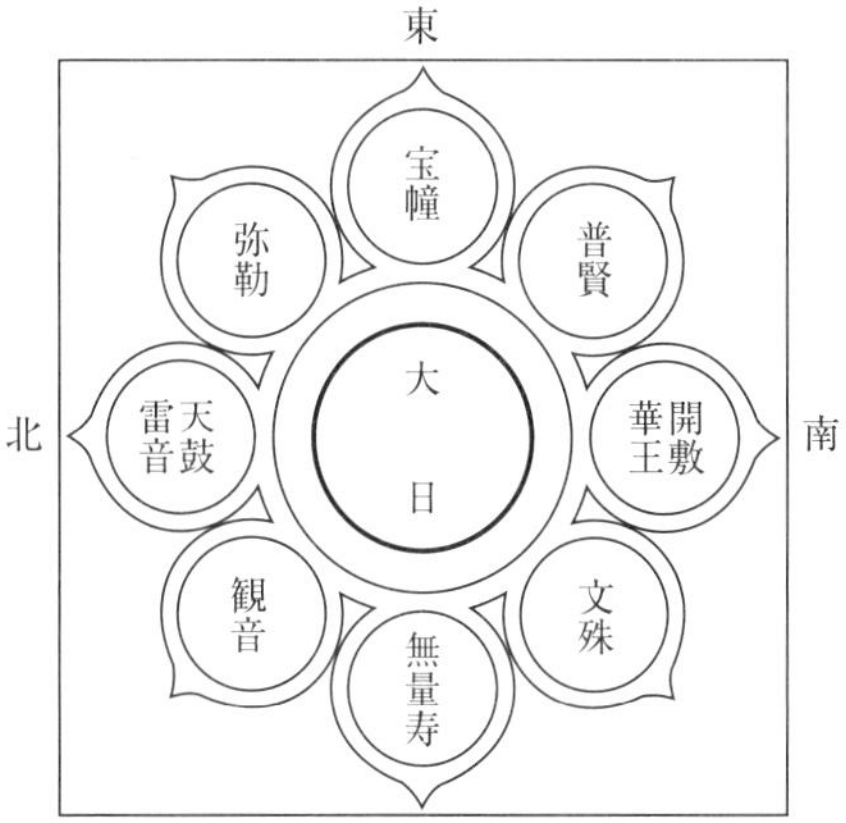

中台八葉院

院、北方に観音院、地蔵院、外金剛部院があり、そして四方の四門に四大護院が配置されています。現図曼荼羅では、その四大護院を省いて十二院となっています。その現図曼荼羅とその院の名、諸尊の数は別図に掲げた通りです。

(1)　中台八葉院

まず中台八葉院は、胎蔵界曼荼羅の中央にあって、大日如来を中心とし、四方に宝幢《ほうどう》如来（東）、開敷華王《かいふけおう》如来（南）、無量寿如来（西）、天鼓雷音《てんこらいおん》如来（北）の四仏、四隅に普賢（東南）、文殊（南西）、観音（西北）、弥勒（北東）の四菩薩を配しています。その四仏・四菩薩が八葉の蓮華の上に坐しているので中台八葉院というのです。

この中台八葉院は多分に大乗仏教の代表的な仏・菩薩を配しており、その中央に密教の大日如来を安置しています。そして大日如来が四仏に化現し、四仏が四菩薩に化現して、衆生を救済していることを示しているのです。

(2)　遍知院

この院の仏は仏眼仏母《ぶつげんぶつも》、七倶胝《くてい》仏母、大安楽不空金剛など七尊があり、まったく密教独自の仏です。この院の中央に三角智火《さんかくちか》の遍知印が描かれているので遍知院といいます。

この遍知印は一切如来智印ともいわれ、四魔（身心と煩悩と死と天）を降伏《ごうぶく》する仏智を表わしています。そしてそのはたらきをなすものは、大日如来から化現した仏たちだというのです。

(3)　持明院

この院の仏はすぐれた明呪《みょうじゅ》をもっているという意味で持明院といいます。そしてこの院には般若菩薩と不動明王・降三世《ごうさんぜ》明王・大威徳明王・勝三世明王の五大尊がいるので五大院ともいいます。この五大尊のうち、般若菩薩は大日如来の正法輪身《しょうぼうりんじん》であり、他の四明王は大日如来の教令輪身《きょうれいりんじん》だといわれますが、この教令輪身は忿怒身《ふんぬしん》ですから、この院を忿怒院ともいいます。

(4)　観音院

この院の中央の尊は観自在菩薩ですから、観音院といいます。また院は仏《ぶつ》・蓮《れん》・金《こん》の三部のなかの蓮華部に属するため蓮華部院ともいいます。この院には聖《しょう》観音・如意輪観音・馬頭観音など主尊が二十一、眷属が十六、合わせて三十七尊となっています。そしてこの観自在菩薩は無量寿如来が衆生を教化するために化現したものですから、大日如来の大悲の徳を表わしたものとされています。

(5) 金剛手院

この院の中心の尊は金剛手菩薩ですから金剛手院といい、また金剛手は金剛薩埵《さった》ともいうので、この院をまた薩埵院ともいいます。また仏・蓮・金の三部のなかでは金剛部に属するので、金剛部院ともいいます。観音院が如来の大悲の徳を表わしているのに対して、この院は如来の大智の徳を表わしています。そこでこの二院を中台八葉院の左右に配置しているのです。この院には三十三尊があります。

(6) 釈迦院

この院の中心の仏は釈迦如来ですから、釈迦院といいます。この釈迦如来は大日如来が密教を説いて衆生を教化するために応現した仏ですから、変化法身《へんげほっしん》の釈迦如来です。そして院には観音と虚空蔵《こくうぞう》菩薩や八仏頂《ぶっちょう》やそのほか密教的な諸尊があげられ、三十九尊となっています。

(7) 文殊院

この院は文殊菩薩を中心の尊とするので、文殊院といいます。文殊菩薩は大日如来の智慧が一切の戯論《けろん》を断つはたらきをなす菩薩とされています。この院には主尊と眷属あわせて二十五尊があります。

(8) 除蓋障院

この院は除蓋障《じょがいしょう》菩薩を中心の尊とするので、除蓋障院といいます。この菩薩は大日如来が一切の蓋障（煩悩）を除く誓願をもって化現した菩薩であり、離悩金剛ともいわれています。そしてこの院は金剛手院が大日如来の智の体《たい》から流現《るげん》したのに対して、智慧の作用を表わしたものといわれています。この院の尊は九尊です。

(9) 地蔵院

この院は地蔵菩薩を中心の尊とするから地蔵院といいます。大日如来の抜苦与楽《ばっくよらく》の徳を表わした菩薩です。観音菩薩が大悲の菩薩であるのに対して、この菩薩は特に悪趣の衆生を教化するために救済の手をさしのべる菩薩とされています。この院の尊は九尊です。

(10) 虚空蔵院

この院の中心の尊は虚空蔵菩薩ですから、虚空蔵院といいます。この尊は文殊が智の尊であるのに対して福徳の尊です。これは大日如来があらゆる福徳を包蔵し、衆生の願いに応じて施与するために化現した菩薩です。この院の尊は二十八尊です。

⑾ 蘇悉地院

この院の中心の尊は蘇悉地《そしつじ》（妙成就）菩薩ですので、蘇悉地院といいます。この菩薩は虚空蔵菩薩が流現したもので、虚空蔵菩薩の万徳を出生して、妙成仏の作用をなす菩薩とされています。この院の尊は八尊です。

⑿ 外金剛部院

この院は胎蔵界曼荼羅の外部にあるので外金剛部院といいます。ここには諸天善神が列ねられており、これらも大日如来がそれらの雑類《ぞうるい》に流現して、済度することを表わしたのです。この外金剛部院はこの曼荼羅の四方の外部に配置され、二百五尊となっています。

以上、十二院のあらましを見てきたのですが、十二院の配置とその主尊については、大日如来の総徳の諸相を具体的に示したものとして、きわめて合理的であると考えられます。

しかし、主尊以外の他の諸尊や眷属についてはあまりにも多種多様であることと、一部に諸尊の配置に混乱も見られるようです。それに多くの尊にいかにもインド密教の土俗的なにおいがするのです。要するにこの胎蔵界曼荼羅は大乗仏教の仏陀の信仰を受けつぎながら、密教において急速に発展した密教的信仰をも包括して、それを法身大日如来の大智・大悲に摂取し、統一的仏陀観を確立したものです。そしてそれは大日如来を中心とする一大曼荼羅として成立しているのです。

なお、胎蔵界曼荼羅の十二院の配置を見ると、中央に中台八葉院があり、その上と下は四重円壇であり、左右は三重円壇となっています。これにも意味はあるのですが、あまりにも専門的ですから省略します。

金剛界曼荼羅

金剛界曼荼羅は『金剛頂経』を所依《しょえ》として描かれたもので、九会《くえ》から成っているので、金剛界九会曼荼羅ともいいます。その九会というのは、(1)羯磨会《かつまえ》、(2)三摩耶会《さんまやえ》、(3)微細《みさい》会、⑷供養会、⑸四印会、⑹一印会、⑺理趣会、⑻降三世《ごうさんぜ》羯磨会、⑼降三世三摩耶《さんまや》会であります。

⑴　羯磨会

これは九会の中心をなすものです。羯磨はカルマ（karma）の音写語で、事業と訳してよいものです。この会《え》は大日如来がすべてのものを救う化他の事業を示しているので、羯磨会というのです。またこの会は成仏の過程を示しているので、成身会《じょうしんえ》ともいいます。さらにこの会は九会のなかの最も基本的な会でもあり、根本会ともいうのです。

この会をよく見ると、四角の二重の枠のなかに大きな円輪を描き、その中央と四方に小さな円輪があります。この大きな円輪は五仏の住処であり、宝楼閣にあたるものですが、それはまた衆生の心を象徴していると考えられています。そして、小さな五つの円輪は月輪《がちりん》であり、五解脱輪《ごげだつりん》ともいい、五智と五仏を表わしているのです。

さて、五つの輪円のうち、中央の輪円には、大日如来、その四方に金《こん》・宝・法・業《ごう》の四波羅《はら》菩薩がおります。これは大日如来の四親近《しんごん》の菩薩で、四仏が大日如来を供養するために現われているものです。つぎに東方の輪円には、中央に阿閦《あしゅく》如来、その四方

金剛界曼荼羅

西
東
南
北
5 四印会 一三尊 ⑤
4 一印会 一尊 ⑥
3 理趣会 一七尊 ⑦
6 供養会 七三尊 ④
9 羯磨会 一〇六一尊 ①
2 降三世羯磨会 七七尊 ⑧
7 微細会 七三尊 ③
8 三摩耶会 七三尊 ②
1 降三世三摩耶会 七三尊 ⑨
① 1
② 2
③ 3
⑨ 9
下転門
上転門

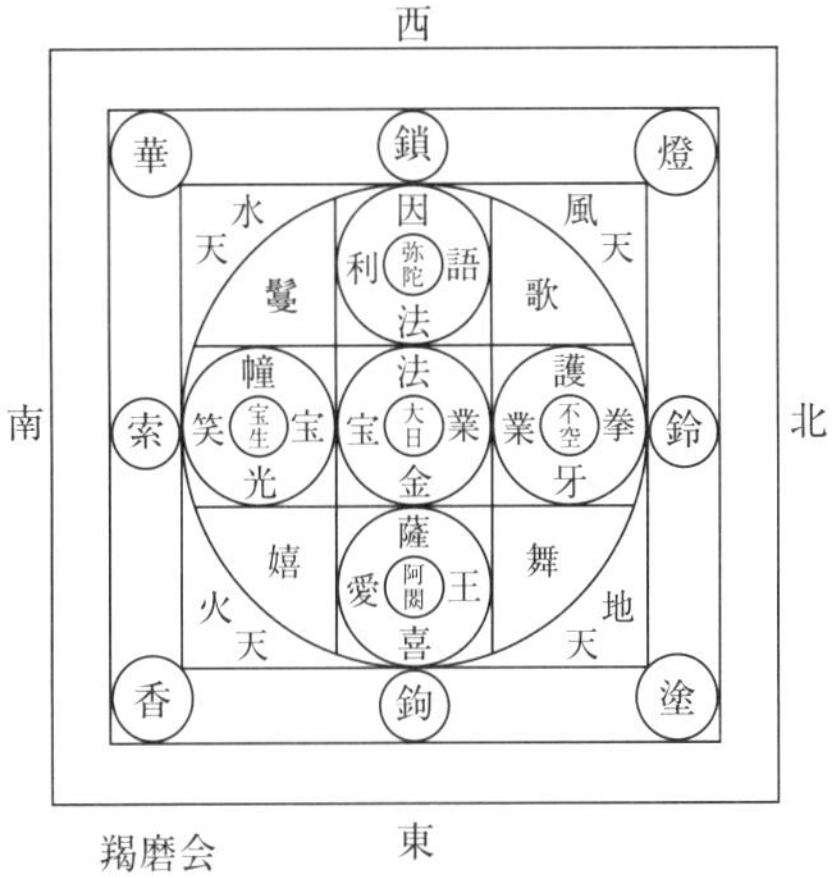

西
東
南
北
華
鎖
燈
水天
風天
因
弥陀
利
語
法
鬘
歌
幢
宝生
笑
宝
光
法
大日
宝
業
金
護
不空
業
拳
牙
索
鈴
嬉
舞
薩
阿閦
愛
王
喜
火天
地天
香
鉤
塗

羯磨会

に薩・王・愛・嬉の四菩薩がいます。南方には中央に宝生《ほうしょう》如来、その四方に宝・光・幢《とう》・笑の四菩薩がいます。西方には阿弥陀如来を中心として四方に法・利・因・語の四菩薩がいます。北方には不空成就如来を中心として、四方に業・護・牙《が》・拳の四菩薩がいます。これは四仏とそのはたらきを示したもので、はたらきを人格化して四仏と十六大菩薩といいます。

つぎに大輪円の四方に嬉・鬘・歌・舞の四天女があり、これを内の四供養といい、大日如来が四仏に供養することを示したものです。大輪円の外の四方には賢劫《けんごう》（現在）の千仏を描き、四方の四隅に香《こう》・華《げ》・燈《とう》・塗《ず》の四菩薩があり、これは外の四供養といわれて、四仏が大日如来を供養することを示しているのです。

つぎに四方の四門に鉤《こう》・索《さく》・鎖《さ》・鈴《れい》の四菩薩があり、これは四摂智《ししょうち》の菩薩といわれます。この四摂智の菩薩の発想は、大乗仏教の布施・愛語・利行《りぎょう》・同事《どうじ》の四摂法《ししょうぼう》にヒントを得たものです。そしてこれは、大日如来が四仏を供養することを示しています。さらに外の四方（第三重）には、一切の天を包摂し、その代表として二十天を描きますが、これが外金剛部に相当します。

この会の中心をなすものは大日如来と四仏ですが、その五仏にそれぞれ親近の菩薩を考えるあたり、それぞれの仏の特色ある心相とその活動を巧みに分析しており、注目すべき思想の展開とみるべきでしょう。また香・華・燈・塗や、鉤・索・鎖・鈴のような具体的なものを仏格化して菩薩とし、しかもそれらを相互供養の菩薩とするあたり、その発想が深妙です。

いずれにしてもこの羯磨会は大日如来を中心として、四仏、四波羅蜜菩薩、十六大菩薩、八供養、四摂の十二菩薩から成るもので、羯磨会三十七尊曼荼羅ともいいます。

(2) 三摩耶会

この会は中央の羯磨会の下方すなわち東方に位し、仏の本誓《ほんぜい》である三摩耶形《さんまやぎょう》で表わしているので三摩耶会というのです。

仏の本誓というのは、仏が衆生を教化する心秘密をさし、それは具体的に仏の持ち物たる輪宝、五股杵《ごこしょ》、刀、蓮華や、塔などで表わします。この三摩耶会はそのように象徴的に表わしたものを描いた集会で、羯磨会が四種曼荼羅のうちの大曼荼羅であり、三摩耶会はその三摩耶曼荼羅にあたります。

(3)　微細会

この会は九会の東南方に位し、仏が微細な智慧をもって衆生を教化することを示したものであるから、微細会といわれるのです。この会の諸尊はみな三股杵のなかに住し、不思議微細の智慧をもって教化しているのです。これは四種曼荼羅のうちの法曼荼羅に相当するとも考えられますが、種子《しゅじ》（梵字）・真言で表わす法曼荼羅ではありません。

(4)　供養会

この会は南方に位し、四仏が大日如来を供養し、大日如来が四仏を供養し、相互供養する様相を示したものであるから供養会というのです。この供養は仏の作業ですから、四種曼荼羅のうちの羯磨曼荼羅とも考えられるものです。

(5)　四印会

この会は西南方に位し、今までの羯・三・微・供の四会は、大・三昧耶・法・羯磨の四種曼荼羅にあたるとも考えられ、この四会は各不離ですから、同所に安置して四印会といいます。印は智印の意味であり、四種曼荼羅を四智印ということもありますので、ここでは四会を一処にまとめたものを四印会といいます。この会には中央の大日如来と四方の四仏が大きく描かれています。

(6)　一印会

この会は西方に位し、智拳印という一印を結んでいる金剛界の大日如来をただ一仏だけ大きく描いたものですから、一印会というのです。これは金剛界の今までの諸会はすべて大日如来の一仏に帰入すべきであることを示すために、一印会を独立に示したのです。

(7)　理趣会

この会は西北方に位し、大日如来が金剛薩埵《さった》の身として現われ、煩悩がそのまま菩提であることを表わした曼荼羅です。

中央に金剛薩埵、その四方（東南西北）に欲・触《そく》・愛・慢の四金剛菩薩を、そして四隅（東南・西南・西北・東北）にその四菩薩の四金剛女を配し、第二重には、四方に四摂菩薩、四隅に内四供養菩薩を配し、全部で十七尊となっています。

(8)　降三世羯磨会

この会は北方に位し、大日如来がなかなか教化しがたい衆生を教化するために、心の内は慈悲に満ち溢れながら、外には忿怒の相をしている降三世《ごうさんぜ》明王の姿を表わしていることを描いたものです。この会の構成は根本会（羯磨会）に似ており、根本会三十七尊のうちの金剛薩埵の代わりに降三世明王をおき、賢劫《けんごう》の十六尊、外院《げいん》の二十天のほかに、第三重の四隅に四明妃《みょうひ》を配したもので、七十七尊となっています。

(9)　降三世三摩耶会

この会は北東方に位し、降三世明王の三摩耶形を示したものです。しかし、第三重の四隅の四明妃がないから、七十三尊となっています。前の降三世羯磨会が、化他《けた》のための外面的な活動をしているのに対して、この三摩耶会は内心の活動を示したものとされています。

以上が九会《くえ》曼荼羅ですが、その典拠を考えてみますと、第一会から第六会までは『金剛頂経』の「金剛界品」によったものであり、第七会については古来二説があり、十八会のなかの第六会の大安楽不空真実瑜伽品によるとも、初会の一印会によるともいわれている。第八、第九は「降三世品」によったものです。

なお、九会曼荼羅については、第一会から第六会までは一連の関係があるとしても、第七会以下がどうして追加されていくのか、また九会が成立したとしても、九会の順序が何を意味するかなど、教学上の問題がありますが、それは省略することにいたします。

いずれにしても、両部《りょうぶ》の曼荼羅は、その曼荼羅の成立や様相など著しく異なるものであり、そこに大きな仏陀観の相違のあることも見逃せません。胎蔵界曼荼羅が大日如来を中心とする統一的仏陀観を示しているのに対して、金剛界曼荼羅は大日如来と四仏と金剛薩埵を主軸として、成仏の様相と教化の様相を示すものと考えられます。

3　四種曼荼羅

曼荼羅はその表現形式が四通りになっており、これを四種曼荼羅といいます。四つというのは(1)大曼荼羅、(2)三昧耶《さんまや》曼荼羅、(3)法曼荼羅、(4)羯磨《かつま》曼荼羅です。

大曼荼羅

まず大曼荼羅という場合、「大」というのは普遍的とか完全なという意味です。そこで諸仏・菩薩などの姿を完全にそのまま表現している曼荼羅を大曼荼羅といいます。そしてこれが曼荼羅の基本的な表現形式のものです。実際には仏さまの姿を絵に描いた曼荼羅をいいます。

三昧耶曼荼羅

三昧耶《さんまや》は梵語のサマヤ（samaya）の音写語で、仏の誓願、本誓の意味です。密教で仏の本誓を象徴的に示す方法として、仏の持ち物で表わす場合と、手で印を結ぶ印契《いんげい》で表わす場合とがあります。

まず仏の持ち物に注意してみますと、刀剣、輪宝、薬壺、蓮華、五股杵などがありますが、これらはみなただ勝手に持っているのではなく、本誓を表わしているのです。また仏は手でいろいろな印を結んでいますが、それもその仏の本誓を示しているのです。そこで大曼荼羅の代わりに、仏の持物《じもつ》で表わしたり、印契で表わしたものを三昧耶曼荼羅というのです。

法曼荼羅

法曼荼羅というのは、諸仏・菩薩を梵字の一字で表わした曼荼羅のことです。密教では諸仏・菩薩・明王などには、称える真言があるとともに、一字で簡単に表わすことも行われています。そこで、大曼荼羅をそれぞれの仏を象徴する梵字の一字で表わしたものを法曼荼羅といいます。またその一字を種子《しゅじ》というところから、法曼荼羅をまた種子曼荼羅ともいいます。

また法曼荼羅という場合、「法」に教えという意味があるから、梵字、広くいえば経典、言葉、文字など、すべて法曼荼羅ということになるのです。経典をよく法曼荼羅というのは、そのためです。

羯磨曼荼羅

羯磨《かつま》というのは梵語のカルマ（karma）の音写語で、作業とか活動という意味です。

そこで今までの三つの曼荼羅は仏と本誓と記号なのですが、それぞれ仏としての救済活動をしていると考えて、その活動の状態を羯磨曼荼羅という場合があります。これを「通三羯磨」といいます。三つの曼荼羅に通じる活動という意味です。

しかしまた、諸仏・菩薩などを鉄や銅や石材や粘土や木などの材質で立体的に鋳造したり、彫刻したりした仏の群像を羯磨曼荼羅ということもあります。そしてこれを「別体羯磨」といいます。高野山の金剛峯寺の根本大塔にお参りしますと、立派な仏さま方が一定の方式で安置されていますが、これは羯磨曼荼羅だといわれるのです。

曼荼羅の拡大解釈

以上ふり返ってみますと、四種曼荼羅という考え方は、仏の表現形式としてまことに素晴らしい発想であると思います。しかしこの曼荼羅の考え方は、拡大解釈すると、いろいろなものについてもあてはまるのです。

たとえてみれば、一家の主人がいて家族を構成している。それは大曼荼羅ですが、家族のそれぞれの最も愛用しているもので家族の人々を象徴的に表わしたものが三昧耶曼荼羅です。また、家族の人々の名前は法曼荼羅であるとも考えられます。仏の世界の表現形式は一般の社会においても通用するのです。

また、曼荼羅思想は本来、仏の世界を表わしているのですが、これは拡大解釈すれば、十界（地獄・餓鬼・畜生・修羅・人・天・声聞・縁覚・菩薩・仏）の有情《うじょう》（生きとし生けるもの）の世界を大曼荼羅といってもよいと考えられます。そしてそれらの有情に最も直接的に関係のあるもの、あるいはその生きている山川草木の世界は三昧耶曼荼羅であり、生きとし生けるものの名前や記号は法曼荼羅であるとも考えられます。そうしますと、曼荼羅の世界は仏の世界であるばかりでなく、人間の世界も、宇宙もすべて曼荼羅の世界であると考えてよいでしょう。曼荼羅の思想は密教思想の特色であるけれども、今や世界的規模の思想として評価さるべきであると思います。

4　心の曼荼羅

そういう曼荼羅の世界は弘法大師になると、「心の曼荼羅」という思想としてとりあげられるのです。曼荼羅は仏の世界だが、それはまた心の曼荼羅だというのです。

これは仏の超越性と内在性の融合の思想なのです。空海が「秘密荘厳心《しょうごん》」を説明す

る言葉のなかで、

「四曼四印この心に陳す。刹塵《せつじん》の渤駄《ぼつだ》はわが心の仏なり。海滴の金蓮《こんれん》はまたわが身なり」(『秘蔵宝鑰《ほうやく》』)

といっています。四曼というのは四種曼荼羅のことで、あらゆる曼荼羅ということでもあります。四印というのは四曼と同じことです。もう一つの表現で四印というのです。ですから四種曼荼羅と考えて、四種曼荼羅というものはわが心、秘密荘厳心の中に並べられているということです。刹塵というのは数限りないという意味です。渤駄というのは仏陀のことですが、中国の訳語でこんなのがあるものですから、空海もこの古い言葉を使ったのです。数限りない仏たちはわが心の仏であるということです。また、海滴というのも広い海は一つ一つの滴からなっているということから、これも数えきれないということです。金蓮は仏を指している。仏はまたわが体である。ですから、曼荼羅の諸尊はわが心身のなかにあるというのです。

こういう空海の思想から見ると、結局、仏は超越的であるが、内在的である。曼荼羅は客観的であり、超越的であるように見られますが、また主体的で内在的なわが心の曼茶羅であると考えるのです。

これは大変意味深い思想だと思います。

5　別尊曼荼羅

今までお話ししてきたのは両部曼荼羅で、それは全体的な曼荼羅ですが、それに対して別尊《べっそん》曼荼羅というものがあります。別尊曼荼羅はある特定の一尊を中心として、それの眷属《けんぞく》、関係ある諸尊を配して一つの曼荼羅を構成するのです。たとえば尊勝曼荼羅、薬師曼荼羅、阿弥陀曼荼羅、釈迦曼荼羅などと、いろいろあります。お釈迦さまを中心として、十大弟子を配すれば、それで釈迦曼荼羅ができます。

また弥勒曼荼羅、普賢曼荼羅、五秘密曼荼羅、理趣経曼荼羅などもあります。

さらに、この曼荼羅はいくらでも拡大されてくるのです。たとえば浄土宗では本来、曼荼羅を考えていないのですが、しかし、曼荼羅の思想を受け入れて浄土曼荼羅がありますまた神道関係でも、春日神社の春日曼荼羅があり、その他いろいろあります。それらは曼荼羅の発展形態といってもよいでしょうが、非常に影響力をもっていることがわかります。また文学の世界でも曼荼羅という言葉がよく用いられています。そういう意味で、曼荼羅という考え方は私たちの具体的な生活経験のなかで、人々の集団のなかでのさまざまなあり方など身近なかたちで受け取れるのです。曼荼羅は本来、仏の世界をさしているのですが、今や文学的には人間の世界をさすこともあり、しかも曼荼羅＝マンダラは国際語となっているといってもいいほどではないでしょうか。

第五章　真言密教の人間観

真言密教の仏陀観についてお話ししましたので、ひきつづいて真言密教の人間観についてお話を進めてまいります。

私たちにとって宗教とは何かという場合に、人がいてある宗教を信仰する。それは人と仏、人と神という問題になるのです。そのぎりぎりの問題のなかで、人というものを真言密教ではどのように考えるかということが、つぎの問題です。

一　空海の求法の中心課題

糸口としてまず考えなければならないのは、弘法大師の求法《ぐほう》の中心課題ということです。空海は密教者として大成したのですが、密教者となる空海は何を求法の中心として考えていたのであろうか。若い時代の空海の素晴らしいエネルギーが宗教の方に向かうのですが、何を真剣に考えていたのだろうかということです。それを書いた空海自身の文章があります。

「弟子空海、性熏《しょうくん》我れを勧めて還源《げんげん》を思《おも》いとなす。径路未だ知らず、岐《ちまた》に臨んで幾たびか泣く。精誠感あってこの秘門を得たり。文に臨んで心昏うして赤県を尋ねんことを願う。人の願いに天順《したが》いたもうて大唐に入ることを得たり」（『性霊集《しょうりょうしゅう》』巻七）

ここで「性熏我れを勧めて」というのは、自分の心の中に植えつけられた（熏習《くんじゅう》された）心（菩提心、心の底にあるもの）が動き出して還源をひたすら思うようになった。還源というのは源に還るということですから、これは非常に重要な言葉です。源というのはさとりの本源、清らかな心という意味があります。清らかな心にどうしたら戻れるか、あるいはどうしたらさとりの境地に到ることができるか、それだけを思っていたというのです。ところが「径路未だ知らず」。径路というのは、そこに到達する道で、その道がまだわからない。そこで「岐に臨んで」というのは、いくつかの道が分かれている道端に立って、どちらへ進んでいったらいいかわからないで、いくたびか泣きなやんだというのです。

これは、空海は若い頃奈良の仏教をいろいろ勉強したのですが、法相《ほっそう》宗でも、三論宗でも、華厳宗でも、律宗でも、自分が本当に求めているものは得られないという嘆きを語っているのです。空海の言葉には「苦しい」とか「悲しい」とかという言葉がずいぶん出てくるのですが、「泣く」という言葉はここにしかないのです。

しかし、「精誠感あってこの秘門を得たり」というのは、『大日経』を指しています。密教の、とくに『大日経』を手にすることができた。ところが、「文に臨んで心昏うして」、空海ほどの人でも文を読んでわからないところがあるというのです。これは密教の真言、修法、曼荼羅とか灌頂の儀式とかいろいろなことが書いてあって、確かに経典を読んだだけではわからないのです。そこで赤県（中国の唐）へ行って求法したいと思った。しかし、「人の願いに天順いたもうて」というのは、幸いにして朝廷から許されて、三十一歳のときに中国（唐）に行くことができたという文章です。

簡単な文章ですが、空海が若い頃何を真剣に求めたか、「還源を思となす」という言葉が非常に重みをもつのです。これは源に還るといいますが、どこか特定の仏の世界に行くとか、自分を超えた何かにまで求めていこうとする意味ではない。自分の心を掘り下げて、そのなかでさとりの境涯というものに到達し得ることがあるのかどうか、それを考えるというのです。ですから、空海の宗教の出発点は「自己を見つめる」というところから出発していると考えていいかと思います。

二　迷悟的存在としての人間

結局、空海にとって人というのは迷悟的な存在である。迷いだけではない。さとりもある。迷悟の両方の面をもっているのが人間である。しかし、そのなかで何が最も中心なのかという問題を追求していくのです。

『般若心経秘鍵《ひけん》』のはじめの序文に、

「夫れ仏法遥かにあらず心中にして即ち近し、真如《しんにょ》外にあらず身を棄てていづくんか求めん。迷悟我れにあれば、発心《ほっしん》すれば即ち到る。明暗他にあらざれば、信修すれば忽ちに証す」

という有名な文があります。ここに、迷い（暗）も悟り（明）もわが心の中にあるのだから、発心し、信仰を深め修行を進めれば、さとりの境地に到達することができるというのです。簡にして要を得た素晴らしい言葉であると思います。

空海にとって人の心のはたらきとしては、善心・悪心の両面があると考えているので、いいことも考えるし、悪いことも考える。迷いやいろいろな煩悩、妄想がある。これは貪《とん》・瞋《じん》・痴《ち》という三毒の煩悩といったり、唯識思想では、善の心は十一あるとし、悪の心には六根本煩悩、二十随煩悩などという分析をやっています。したがって空海はそのような唯識思想を通しての心のはたらきの問題も充分理解していたのです。

三　心の本性の探求

しかし、人の心はそれだけですべてであるわけではなくて、心の本性というものをどう考えたらいいか、心の本性を掘り下げていく、探求していく、そこに還源という考え方がつながってくるのです。しかも、空海がなぜ『大日経』を読んで驚いたかというと、「如実知自心《にょじつちじしん》」という言葉があるからです。さとりとは何か。それは自心は自分の心の本性という意味で、如実に、ありのままに自分の心の本性を見定めて、その境地にまで達するということです。その「如実知自心」という言葉に非常に心をひかれたのです。つまり、「還源を思となす」というのと「如実知自心」とは同じ意味になってくるのです。これだなと、空海が驚きの眼《まなこ》で『大日経』を読んだであろうことが想像されます。

それをもっと別の言葉でいえば、自己を見つめ、心の本性というのは結局、清浄なのだということに気づく。そう気づくことによって真実の自己、本当の我れというものを見出してくる。空海はそこから進んで成仏を目指すのです。修行者は何を目指して修行するかというと、成仏を目指すわけですから、空海にとってはその成仏の可能性の問題が非常に大きな問題としてとり上げられてくるのです。結局、成仏できるのかできないのか。仏教の修行があって、その修行によって成仏が可能なのか可能でないのか、あるいは早く成仏するのか、なかなか成仏できないのか、こういうぎりぎりの問題を空海は自分の心を掘り下げながら考えようとしているのです。

四　心性本浄思想の源流

『大日経』の「如実知自心」というのは、心の本性は清らかだということをいっているのですが、それは『大日経』の思想だけなのかというと、そうではありません。この思想の源流は実はずっとさかのぼって中期大乗仏教の思想の流れから密教の『大日経』や『金剛頂経』に流れこんだ長い思想の流れがあって、それは仏教思想の本流を成すものだということがわかります。

「心性本浄《しんしょうほんじょう》　客塵煩悩《きゃくじんぼんのう》」という有名な言葉が多くの経典のなかに出てきますが、人の心の本性というものをどう考えたらいいか、迷いとの関係をどう考えたらいいかというときに、一つのはっきりとした考え方としてつくられた言葉が「心性本浄客塵煩悩」という考え方です。客塵というのは主人と客と、中心的なものと外からきたものというふうに、迷悟的ですが、心の構造（中心）を清浄《しょうじょう》心の方に置くのです。その周りに迷いの心がある。しかも、その表だけ見ればすべて煩悩に包まれた心だという考え方です。

客というのは「よそから飛んできた」というサンスクリット語の意味がありまして、朝はきれいな机なのだが、戸を開けておいたら風が強かったので、埃が飛んできて落ちたというのが、たとえば「客塵煩悩」です。煩悩という心の迷いがいろいろ出てくる、それはその人にとっての本来的なものではなくて、いろいろな経験のなかで欲や迷いが起こったり、憎みもしたり、いろいろなことをする。つまり、よそから飛んできた塵のようなもので、それがたまりたまればまったくどうにもならない迷い心の人間になってしまうという考え方をするのです。

また、『涅槃経』という大きなお経がありますが、そこにもいろいろな重要な思想がありま す。そのなかの一つの重要なポイントは「一切衆生悉有仏性《いっさいしゅじょうしつうぶっしょう》」という言葉で、どんな人でも必ず仏性はあるのだということです。迷える人、悪い人、成仏できそうもないくらいな悪い人、そういう人にでも仏性はある、仏になる可能性は必ずあるはずだ。だからしてすべてのものは「一切皆成仏《いっさいかいじょうぶつ》」というのです。大乗仏教の一乗《いちじょう》思想というのはすべてこういう立場をとります。

また、「如来蔵《にょらいぞう》」という思想があります。これは『如来蔵経』というお経や『勝鬘《しょうまん》経』というお経がこの系統に属します。まだこの他いくつかの重要な文献があります。そこでは人を考える場合に、如来蔵的な人間としてとらえるのです。この人は迷っているようだが、如来蔵（如来胎《たい》）がその心の奥底に宿っているから、この人はやがて如来になる可能性をもっているという考え方を、如来蔵思想というのです。

これは、人にはみな共通の側面がある。だれもが仏の胎児を宿しているというのです。また逆にいえば、仏の蔵のなかにすべての人が包まれている、と考えてもいいのです。

要するに、これも人と仏とのかかわりをどう考えるかということであり、それを「如来蔵」という言葉で表現しているのです。

また、『大乗起信論《きしん》』やその注釈書といわれる『釈摩訶衍論《しゃくまかえんろん》』には「本覚《ほんがく》思想」というものが説かれています。「本覚」とは、「本来覚っている心」という意味です。

それから「菩提心」「自性清浄心」などを説く経典もあります。密教以前の中期大乗になってでてきた多くの経典や論書を見ますと、こういう思想が非常にたくさん説かれています。結局、人の心を掘り下げてみて成仏の可能性があるのだということを証明するために、こういう思想が続々と出てきているのです。

これは一口にいうと如来蔵系統の思想ということですが、この思想がそのまま密教思想のなかに引きつがれてくるのです。それが『大日経』や『金剛頂経』です。したがって、それがまた中国密教、そして空海の思想にずっと受けつがれてくるのです。空海はそういう思想の大きな流れを背景としたものが『大日経』の思想であるということに大きな自信をもつわけです。

五　さとりとは——秘密荘厳心・心の曼荼羅

結局、さとりを目指すのが仏教者の修行の目的なのですが、そのさとりというのは、『大日経』によれば「如実知自心」ということなのです。

また、「自心の源底を覚知する」という言葉を空海が使っております。これは『十住《じゅうじゅう》心《しん》論』という書物に出てくる言葉です。「自心の源底を覚知する」というのは、自分の心の底にある最も清浄《しょうじょう》なる心をさとる、それに気づき、その心になる、それがさとりということだ。さとりとは自分の心のなかの問題であるというのです。これは最初に申した「還源を思となす」につながってくる考え方です。

さらに、空海の著作を読みますと、自心のなかに仏があるということから、「自心仏」という言葉がしばしば出てきます。自分の心の本性たる仏、そういうことを自覚する、それがさとりということだというのです。そのさとりの心は別の表現でいえば、十住心の思想のなかの第十住心、秘密荘厳《しょうごん》心になりきるということであり、また「心の曼荼羅」ということです。曼荼羅というのは諸仏の集まっている姿で、その曼荼羅は実は心の曼荼羅であるということです。秘密荘厳心というのは心の曼荼羅である、仏というのは自分の心の外あるいは自分の体の外にあるのではない。ですから、仏というのも絶対他者というか、絶対なる超越者と見るのではなくて、内在的な仏こそわが仏であるという考え方です。それが心の曼荼羅という考え方になってくるのです。

このようにして、空海はもっぱら心の問題を掘り下げていくということを空海自身の思索のなかに位置づけ、そしてそれを多くの著作のなかで展開しているのです。

六　凡聖不二

　結局、空海の人間観というのは何を意味するかということですが、それは凡聖不二《ぼんしょうふに》ということです。凡とは凡夫ということで迷える人という意味、聖はさとれる人、仏です。人と仏とが不二である、別々ではないというのです。また、これを人と仏との一如だというのです。そういう人間観を空海は確立しているのです。真言密教の人間観は、人を見つめながら人のなかに仏を見る。人間観と仏陀観とが相即するというか、全然別ではない。人の心を掘り下げていって仏を見出す。あるいは仏を見すえながら心の曼荼羅というところまで人の方に還ってくるという考え方です。それが空海の密教の基本的な考え方です。人間の尊厳性、人というものを尊ぶというのは、人にはそういった菩提心がある、仏性《ぶっしょう》があるからだということです。こういった人間観が確立するということは、成仏の可能性の問題をすでにそこに含んでいるということにもなるのです。

　このように、空海の即身成仏思想の根底には、まず空海の人間観というものがおかれています。その思想なくしていきなり成仏するとか即身成仏とかいっても、どうにもしようがないと思われるのです。空海はこういう点を非常に真剣に考えているのです。空海の即身成仏思想の成立の根底には空海の人間観があるということを考える必要があります。

七　自心仏思想

自心仏の思想については、前にも少しふれたので、ここではざっと、空海の二、三の文章をあげてみましょう。

「もし自心を知るは即ち仏心を知るなり。仏心を知るは即ち衆生心を知るなり。三心平等なりと知るを大覚と名づく」（『性霊集』巻九）

「三心平等なり」というのは、自分の心、衆生（人々）の心、仏の心が皆平等だ、変わることがないということであり、それを知ることを「大覚（仏、さとれる者）と名づく」というのです。これは恵果《けいか》の言葉でもあるし、華厳の思想でもあるのです。仏教の思想の流れのなかで長く伝えられた一つの考え方です。仏を知るというのは仏の心になりきることだ、仏になりきることは衆生（人々）の心もまたわかってくる、同じになってしまうことだ。三心平等というのは仏の心とわが心、多くの人々の心はみな区別がない、平等だということであり、そこまでわかっているのは、ただ仏のみであろうというのです。われわれはみな違うと思っているし、仏とははるかなる仏であると日常は考えます。しかし、それは平等だというところまでわかるということは容易ではないが、仏ならそういう平等の立場をとっているのだということです。

また、

「衆生の体性《たいしょう》、諸仏の法界《ほっかい》、本来一味にしてすべて差別《しゃべつ》なし。衆生は悟らずして長《じょう》夜《や》の苦を受け、諸仏はよく覚って常恒に安楽なり。この故に衆生をして頓に心仏を覚り、速やかに本源に帰らしめんがために、この真言の法門を説いて、迷方の指南となしたもう」（『平城天皇灌頂文』）

という文章もあります。つまり、衆生（迷える人々）の体、諸仏の世界は本来一味（平等）であって差別というものはないのだが、衆生はそういうことを悟らないで無明の長夜の苦を受け、諸仏はよく覚っているから常恒に安楽であるというのです。そしてこのゆえに迷える人々に、わが心のなかに本来仏があるということ（心仏・自心仏）を覚り、速やかに心の本源に帰らしめんがために、つまり覚りの境地に早く帰らしめんがために、この真言の法門（『大日経』などの教え）を説いて、迷っている者に対して悟りの方向を指し示すというのです。ここでも「心仏を覚る」とか「本源に帰る」とかという表現は、結局、さとりというものはどこにあるのでもない、その人の心の本源に帰ることが、さとりなのだというのです。

次の文も同じようなことですが、

「また狂人毒を解して忽ちに帰宅の心を起こし、遊客事おわって忽ちに懐土の思《おもい》を発すが如し。菩提心を求むる心もまた是の如し。すでに知んぬ狂酔して三界《さんがい》の獄に在り、熟睡して六道《ろくどう》の藪に臥せり。何ぞ神通《じんづう》の車を馳って速やかに本覚荘厳の末に帰らざらん」（『三昧耶戒序《さんまやかい》』）

「また狂人毒を解して忽ちに帰宅の心起こし」とは、毒で気の狂っていた人が毒を消してしまってたちまちに迷いからさとりの心に帰る（帰宅の心を起こす）ことです。「遊客事おわって忽ちに懐土の思を発すが如し」というのは、旅をして遊んでいたお客さんが旅が終わって、たちまちわが家あるいはふるさとをなつかしく思い、早く帰ろうかという思いを起こすことと同じようだということです。「菩提心を求むる心もまた是の如し」とは、菩提心を求める心というものもそれと同じようなものだということです。「すでに知んぬ狂酔して三界の獄に在り、熟睡して六道の藪に臥せり。何ぞ神通の車を駈って速やかに本覚荘厳の床に帰らざらん」というのは、心が迷って三界（欲界・色《しき》界・無色《むしき》界）の迷いの世界のなかにあり、また、迷いの世界の六道（地獄・餓鬼・畜生・修羅《しゅら》・人間・天）を藪と表現して、そういう迷いの世界に熟睡しているのです。そういう人を救うためには神通力で、つまり真言密教の一番早い乗物（神通乗）に乗せて速やかに本来さとった住まい（秘密荘厳心）へ帰らないでいいだろうか、迷っているとすれば、すぐにさとりの境地に戻らなければならないというのです。ここでも、本源に帰るとか、帰宅の心という表現があります。

こういう表現が空海の著作には多いのです。これらの一連の文章にみな共通していることは、人間観の問題が根底にあって、凡聖不二であり、生仏《しょうぶつ》一如であり、そこに成仏の可能性の根拠があると考えるのです。空海にあっては、その人間観は仏陀観と重なりあっていて、人間観を追求すればやがて仏陀観と交わり、仏陀観を探究すると人間観につきあたるのです。この思想こそ、仏教思想の最も根源的な思想だと考えられます。

第六章　即身成仏への道──真実に生きる道

密教という一つの宗教を考える場合、信仰の対象（仏陀観）と、信仰する人（人間観）と、人が生きる世界（世界観）の問題があります。人が生きている世界がありますから、この世界をどう考えるかという問題も当然あってよいのです。そうしたなかで人がどのような生活をし、どのような宗教的修行をし、何を目指して生きていくかということで、一つの宗教の体系というものがあるわけです。密教でも、仏教でも、キリスト教でも、どの宗教においても、そういった宗教の基本構造という問題があるのです。

ここでは人と仏というものを考えて、人がどのようにして即身成仏への道を進んで行くべきかという問題をとりあげます。

一　帰依三宝

真言密教であろうが、曹洞宗であろうが、真宗であろうが、どの宗派であろうとも、仏教であるかぎり、帰依三宝《きえさんぼう》という基本的な帰依の仕方があるわけです。それは、帰依仏、帰依法、帰依僧の三つです。

釈尊が教えを説いて、五比丘《びく》が弟子になった。そこで釈尊を含めて全部で六人になった。これが最初期の仏教教団のはじまりといわれます。そしてそれ以後、仏教の信者になる人は必ず仏に帰依する、仏の教え（法）に帰依する、教団（僧）に帰依するということで、三宝に帰依するのです。すでにインドでこういう形をとっていたといわれます。仏教がずっと発展するなかで、信仰する人はいつも三宝に帰依するということが定まっているのです。

日本では、聖徳太子が篤敬三宝（篤く三宝を敬え）という表現をするのもその伝統を守っているからです。今も南方仏教では、パーリ語でそのとおりに唱えています。また、わが国でも仏教の集いには必ず三帰依文《もん》を唱えることがきまりになっています。

ただ、弘法大師空海の著作を見ると、形式は三宝に帰依するのですが、そのうちの仏に帰依するときに、曼荼羅に帰依するとあります。密教ですから、そこが違うのです。密教で一番基本的なのは曼荼羅であり、胎蔵界・金剛界の曼荼羅に帰依するのです。しかしまた、阿弥陀如来や大日如来や薬師如来などを本尊として帰依する場合もあります。ですから、密教ではそういう一尊に帰依する場合もあるし、曼荼羅に帰依する場合もあるし、どちらもあるわけです。

いずれにしても、三宝に帰依するということでなければ、密教の信者ではないということです。これが基本です。

二　発菩提心

次が発菩提心《ほつぼだいしん》です。菩提心を発こす。これが何といっても一番最初の問題であり、もっとも基本的なことです。発菩提心がない限り、本当の信者になるということがないわけです。「白浄《はくじょう》の信心をおこして無上の菩提を求む」という表現をしていることもありまして、本当の無上の悟りを開くために信心を起こすこと、それが発菩提心です。「発菩提心」という言葉も密教ではなくして、もともとは大乗仏教の菩薩道の出発点であり、菩薩が修行する、菩薩であることを自覚する原点は菩提心を起こすということです。そこから自利利他のいろいろな菩薩の修行が始まるのです。ですから、密教の場合もやはり発菩提心が一番の基本になります。しかも、その菩提心を起こし得る可能性は、前の人間観のところですでに考えてきた通りです。

発菩提心には内在的な可能性（内縁）と外的な動機（外縁）とがあります。内なる直接的な縁というのは、菩提心の種、つまり本来の清浄な心ということです。それを引き出すことができるわけです。しかし、それを引き出すときに、外縁、外なるいろいろな動機がそこへ加わる。それによって菩提心を起こすのです。

この菩提心の「因と縁」ということも、密教以前の『瑜伽師地論《ゆがしじろん》』の「菩薩地」に説かれています。ですからこの発心の問題は密教以前の大乗仏教で十分研究されており、それが密教の世界にも受けつがれていると見てよいのです。

三　菩提心戒を保つ――三昧耶戒

菩提心戒（三昧耶戒）の意味

次は「菩提心戒《ぼだいしんかい》を保つ」ことですが、ここへくるといかにも密教的になってきます。菩提心に戒律の「戒」という字をつけて、「菩提心戒」といい、それは菩提心のあることをいつも忘れてはならないと心にいましめ誓うのです。それが密教を信仰する人の基本なのだということを強調しているのです。戒ということでそれを必ず守っていくということです。菩提心戒というのは、菩提心を持っていることを片時も忘れないということ、それが「菩提心戒を保つ」ということです。

これを「三昧耶戒《さんまやかい》」という場合もあります。三昧耶戒というときの三昧耶はサマヤ(samaya)の音写語で平等戒ということです。これは、仏と我れとは平等だという意味です。自分の心を掘り下げながら仏と違わない我れであるということを確信することです。我れに菩提心があるということは、いいかえれば仏と違わない我れであるという自覚です。それを片時も忘れてはならない。それが菩提心戒をいつも固く守っているということなのです。密教ではこれを非常に強調します。

菩提心戒を身につける方法

菩提心戒はこのように重要なものですが、だれもが初めから身についているはずもないわけです。そんなにいいものであれば、それを身につけたいと思いつつも、はて実際にはどうしたらいいかということがあるわけです。

(1) 聞信

それは一つには聞信《もんしん》といって、聞かなければ、それも知らなかったということがあるのです。仏法は何よりも聞くということが入信の入口になります。これは何も密教だけではありません。聞いて、いい教えならいい教えだということで菩提心を起こし、それをいつまでも保っていくようにつとめることが大切です。また弘法大師の書物あるいは『大日経』などの聖典を一生懸命に味読して、それを心にとどめるということも大切なのです。

「聞《もん》・思《し》・修《しゅ》の三慧」といいますが、その一番最初が「聞」です。「聞」だけでは聞きっ放しになるので、聞いたものを心のなかで思う。そして、修というのは実践することです。「聞」は必ず「聞・思・修」までいかなければならないと説かれております。入り口からいえば「聞信」ですが、それを考えてみる、さらにそれを実践してみるということになると、そこで聞いたことが実証されるのです。

⑵　受戒

しかし、それだけではなく、直接的なことになりますが、受戒作法によって菩提心戒を受けるのがよろしいのです。

弘法大師は入唐求法《にっとうぐほう》の際に、恵果《けいか》阿闍梨から、まず菩提心戒を授けられ、ついで灌頂を受けています。真言宗の坊さんになるためには、必ずまず菩提心戒（三昧耶戒）を受け、それから灌頂を受けることになっています。

また、自誓得戒《じせいとくかい》ということもあります。これは自分で心に誓い、自分で会得し、自分が絶対に菩提心のあることを忘れないと仏に誓えば、それでもよいというのです。しかし実際にはよほど意志が強固でないと、これはむずかしいのです。

菩提心戒を保つことの意味

それでは菩提心戒を保っているということにはどれだけの意味があるかということですが、まず第一にわれわれの心の本性を探って、そこに菩提心あるいは自心仏というものが考えられるということを自覚し、ひいては人間性の尊さというものがそこでわかる。もっと別の立場からすれば、菩提心戒を保つということは、思想的には凡聖不二、仏と我れとは別体ではないという人間観をいつも確立しているということです。

実践的にいえば、毎日の生活のなかで十善戒を守るとか、あらゆる善い行いを積極的に行なう、あるいは成仏への修行にいつも励む、ということの基本になってくる。ですから、菩提心戒を保つということの意味は非常に大きいのです。

四　菩提心の内容

つぎに菩提心の内容についてですが、空海の『三昧耶戒序』を見ますと、菩提心を四つの心（四種心）に分けています。

（1）　信心

第一が信心です。信心というのは堅く信じて、退くことのない心であり、具体的には、清浄で、堅固で、随順し、讃歎《さんだん》し、慈愛に充ちた心などです（十信を説く）。

（2）　勝義心

発《ほっ》菩提心といえば直接的には信心に当たるわけですが、それだけではなくて勝義心《しょうぎしん》というものがあるというのです。また、深《じん》般若心ともいっていますが、これは般若の心です。勝義というのは優れた智慧の心という意味です。深い般若の心、智慧の心は、真実の教えを選びとる心だというのです。菩提心というのは、ただ信仰する、情緒的にただありがたいと思う心だけではないというのです。菩提を求めるということには、間違ったものがあればそれは除いて、本当に真実のものを選びとる般若の智慧の働きもあるのだということです。

（3）　行願心

三番目は行願心《ぎょうがん》です。これは大悲心ともいいます。大悲、行願といいまして、誓願をおこして大悲の心で利他の行をなすことも菩提心の一つの面である。利他行をなす根底にある心は行願心だというのです。

(4) 大菩提心

また、四番目は大菩提心というのですが、これは直接、菩提心を考えて、それを二つに分けるのです。能求《のうぐ》の菩提心(菩提を求める心)と所求《しょぐ》の菩提心(求められる菩提心)です。所求というのは、さとりそのものという意味です。能求というのは、さとりを求めようとする心です。求める心、求められるさとりそのもの、この二つの意味が菩提心のなかにあるというのです。それは実際には三摩地行《さんまじぎょう》です。三摩地というのはサマーディ(samādhi)といいまして、禅定に入って精神統一し、そして仏と我れとが一体になる。そういう行をすることによって能求の菩提心が所求の菩提心と一つになることです。この大菩提心は、とくに密教の場合、一番中心になるものです。

『菩提心論』という書物がありますが、その書物に書いてある内容などをふまえつつ、もうすこし発展的な解釈をほどこして、空海は、この四つの心——四種心を説いているのです。

五　浄菩提心を観ずる観法

月輪観

菩提心のあることを自覚する方法は浄《じょう》菩提心観ですが、具体的な方法には月輪観《がちりんかん》と阿《あ》字観《じかん》があります。

月輪観は、わが浄菩提心は清浄《しょうじょう》潔白であることあたかも満月のようであると観じる観法です。これには一定の作法があります。まず月輪本尊図を掲げますが、月輪とは菩提心を象徴するものです。静かな部屋に正坐し、姿勢を正し、呼吸を整え、眼を半眼にし、精神統一して心を清め、月輪を見つめるのです。そして次第に深い三昧《さんまい》の境地に入ると、清浄潔白な月輪が、そのままわが菩提心なのだという自覚がなされるのです。つまり、月輪を媒介としてわが心の中に浄菩提心のあることを自覚するのです。

興教《こうぎょう》大師覚鑁《かくばん》上人はよく月輪観や阿字観を修したということで有名であり、内観の聖者と仰がれる人ですが、この興教大師は根来山《ねごろさん》に隠退されてから、小池の水に映ずる

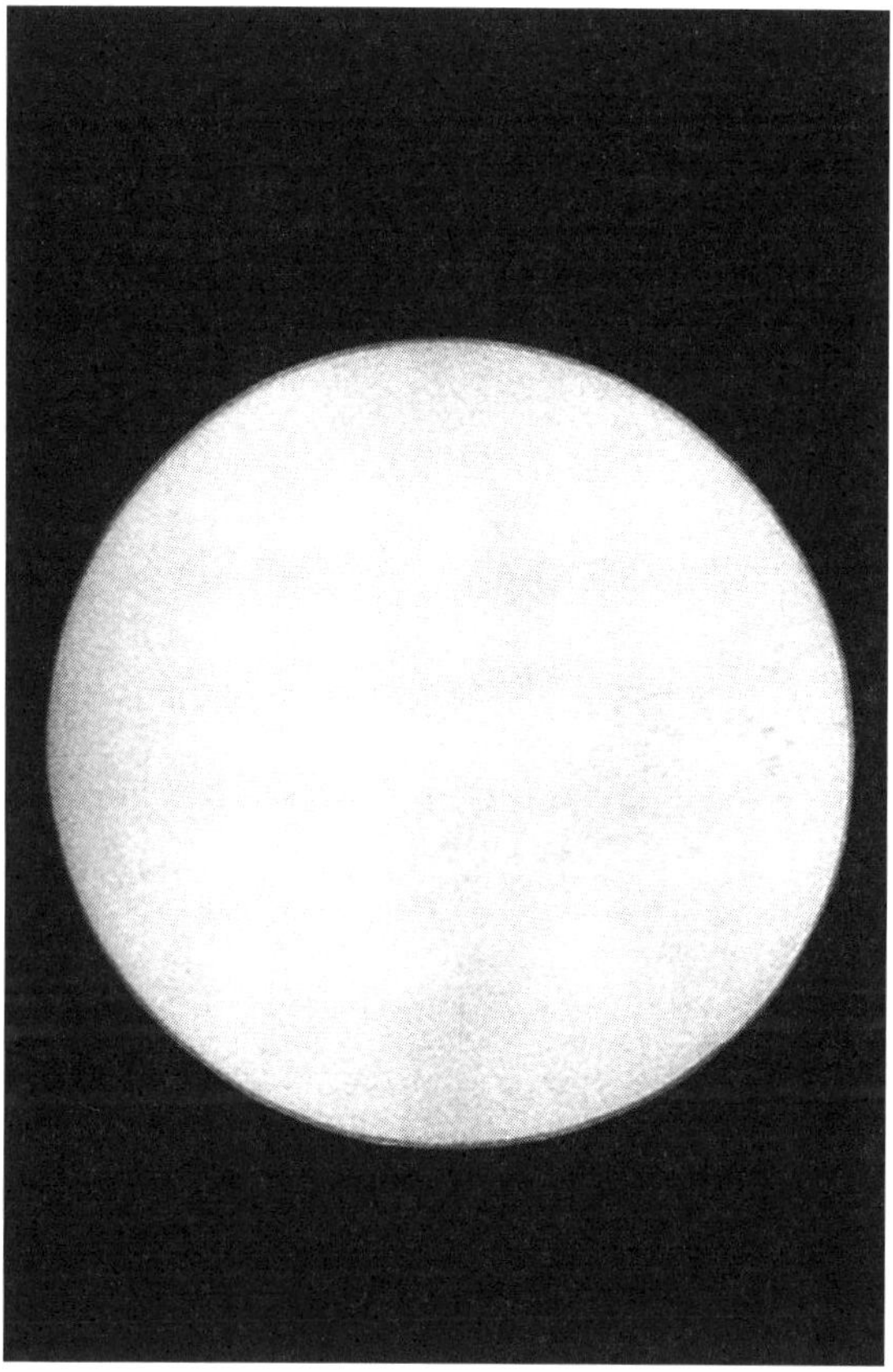

月輪本尊図

中秋の名月を見て、その大自然のままのところで端坐して月輪観を修したと伝えられています。大自然の中に自分が溶けこんで、清浄なる月を眺めながら、自分の心の清浄なることを自覚されたのです。これは実に素晴らしいことと思います。

阿字観

つぎに阿字観というのは梵字のア𑖀という字を観じて、私たちの心に本来浄菩提心があることを自覚する観法です。阿という字はアイウエオなどすべての発音の最初にあり、したがってすべての音の根源であると考えられるところから、哲学的には根源とか第一原理とか考えられます。また阿という字を最初に出す言葉にアヌトゥパーダ(anutpāda)という言葉があることから、それを訳して不生《ふしょう》といい、それを哲学的には阿字本不生《あじほんぷしょう》というのです。そしてその根源的意味を拡大して、阿字は大日如来を象徴するとも、菩提心を象徴する（種子《しゅじ》）とも考えたのです。このように、阿字には、本不生の理と大日如来と菩提心との三つの意味が含まれていますが、ここではとくに阿字を菩提心の象徴とみて阿字観を修します。

阿字本尊図

阿字観を修するには、まず阿字本尊図を掲げます。その本尊図の中心には𑖀字があり、その下に蓮華があります。蓮華は𑖀字の蓮台となっていますが、蓮華は泥沼から生長して、しかも泥にまみれない無垢清浄な華を咲かせるので、蓮華も菩提心を象徴しているのです。空海の言葉に「蓮を観じて自浄を知る」という言葉がありますが、同じことを指していると思います。

そしてこの𑖀字と蓮華が月輪のなかに描かれているのです。この月輪は前に月輪観で観ずるところの菩提心を表わしているのです。そうすると阿字観の本尊図は、阿、蓮、月の三つから成っていて、どれもこれもみんな深い意味をもっています。真言宗の基本的な思想、教えがこの本尊図に封じこめられているとも考えられます。

阿字観というのは、阿字本尊図を本尊として、月輪観と同じように、正坐し、呼吸を整え、精神統一し、𑖀字を観ずるとき、𑖀字で象徴される浄菩提心が、自分の心のなかにあることに目覚め、真実の自己を発見するのです。そしてそれによって、凡聖不二《ぼんしょうふに》の人間観を確認するという大きな意味をもつのです。

空海の言葉に、「男女もしよく一字を持せば、朝な朝なもっぱら自心の宮を観ぜよ」

(『性霊集』巻二)というものがあります。一字というのは阿という一字の意味で、阿字観を修して自分の心の本来の姿、自心仏を観ぜよというのです。ここにも空海が阿字観を勧めていたことがわかります。

阿字観は密教禅とも一字禅ともいわれています。高野山には阿字観道場があります。しかし、阿字観は誰でも家庭生活のなかで、朝のひととき修することが望ましいのです。

六 四重禁戒

つぎに菩提心を忘れてはならないということを中心としながら、守るべきことを四ヵ条にまとめて説いています。それが「四重禁戒《しじゅうきんかい》」というものです。これは『大日経』にも『金剛頂経』にも説かれていて、いかにも密教独特の戒なのです。しかも、大乗仏教のいいところをよくまとめた戒だと見ていいのです。その内容は次の通りです。

(1) 大乗の諸法(教法)を誹謗(謗法《ぼうほう》)してはならない。

第一は、大乗の諸法を誹謗してはならないということです。

大乗の教えを謗《そし》ってはいけない、それは法を謗ったという罪（謗法罪）になるからということです。『法華経』でもこれを説いています。仏教者が大乗の教えを謗ったのでは、もはやどうにもならないわけです。仏教信者が自分の一番基本的な教えがだめだなどというのは、自分がその教えからはずれてしまったことになります。これは密教よりもむしろ大乗仏教的な匂いが強いものです。

(2)　菩提心を捨離してはならない

二番目は、菩提心を捨離してはならないということです。それはなぜかというと、成仏の因を妨げ、成仏の因を失うからという理由です。この二番目がいわゆる菩提心戒にあたります。菩提心を捨ててはならない、いつも守っていなければならないということです。なぜかというと、菩提心を捨ててしまえば、成仏の直接的な種（因）を失ってしまったと同じことになるからです。

(3)　教法を慳悋してはならない

三番目は、教法を慳悋《けんりん》してはならないということです。慳悋というのは惜しむということで、いい教えを惜しんで人に伝えず、自分だけで隠して持つというようなことをしてはならない。それでは正法《しょうぼう》が広まらないからです。本当の教えが世の中に広まらないということになる。それは非常に悪いことだというのです。

(4) 人々を悩害してはならない

四番目に、人々を悩害してはならない。悩ませ、害するというようなことがあってはならない。それは利他の菩薩行に背くからだというのです。利他の行をするのが菩薩行です。人のために尽くすのが本来やるべき菩薩の態度であるのに、逆に人を悩まし、人を害することがあってはならないということです。

これを四重禁戒といっていますが、密教戒の特色ともいわれています。戒律には実にいろいろな戒があります。多くの小乗仏教の戒、そして大乗戒というものがあります。それから密教戒となってくるのですが、この四重禁戒は密教戒なのです。これは戒相ともいい、相というのは姿形ということで、具体的な戒の箇条をいうのです。戒としては四ヵ条で、その四ヵ条のなかの第二の菩提心を捨離してはならないというのが、その中心をなすのです。

なお、四重禁戒を『大日経疏』では拡大して十重戒とし、授戒作法のときに授けますが、いまは省略します。

七　十善戒を守る

菩提心戒が具体的にあらわれた形としては十善戒《じゅうぜんかい》を守るということになります。十善戒というのは「身《しん》三・口《く》四・意《い》三」といいまして、合わせて十の戒よりなっています。これは、身体のうえからいえば、生き物を殺さないとか、人の物は取らないとか、男女の淫らな関係をしないというようなことです。

口（言葉）のうえからいえば、不妄語、虚偽を言わないこと、不綺語《き》、たわごとをしゃべらないこと、不悪口《あっく》、悪口を言わないこと、不両舌《りょうぜつ》、二枚舌をつかわないということです。

心のうえでいえば、不慳貪《けんとん》、貪り惜しむことをしないこと、不瞋恚《しんに》、怒るこころをおこさない、不邪見、間違った考え方あるいは愚かな考え方をしないことです。この三つが代表的な心の迷いですが、これを開いて六煩悩とか二十随煩悩とか百八煩悩とか、いろいろな煩悩の数が数えられていますが、要するに心のうえの間違いをしないということです。

十善戒（十善業《ごう》）でその人のすべての行いということになるのです。十といいますが、十だけという意味ではなくて、体と口と心のすべての行いが正しい行いでなければならないというのですから、これはやさしいようで非常に厳しいものなのです。

この十善戒は原始仏教以来説かれており、大乗仏教の『華厳経』の「十地品」にも説かれ、大乗の菩薩の基本的な戒だとされています。そこで、密教の『大日経』になりましても、この十善戒を重んじ、くわしく取り上げているのです。ですから、十善戒は密教戒のなかにも受けつがれているのです。顕教《けんぎょう》、密教を通じて一番重要視されたのが、この十善戒です。

そして、二、三世紀ごろの大乗の有名な龍樹《りゅうじゅ》菩薩は、十善戒とは諸戒の総相戒《そうそうかい》だと、『大智度論』という大きな書物のなかで説いています。十善戒というのは一番基本なのだ、小乗二百五十戒とか、比丘尼の三百四十八戒とか多くの箇条をいうものもありますが、要するに一番基本的なものは十善戒だという評価を下しているのです。

弘法大師も十善戒を非常に重視しまして、『弘仁遺誡《こうにんのゆいかい》』という短いが有名な文章があります。そこでは最初に、「発心して遠渉せんには、足にあらざれば能わず」という文章があります。遠くへ行くには第一歩から歩き出さなくては行けないというのです。その次に、「仏道に趣向《しゅこう》せんには、戒にあらざれば寧んぞ到らんや」とあり、仏道に入って成仏への道をたどろうとするには、戒律を守らずしてどうして仏道を修行して悟りの道に到ることがあり得ようかというのです。ここで戒を重視する思想が非常にはっきりと出ています。そして戒律こそ仏道に趣向する一番の基本条件だということをいっており、「必ず須らく顕密の二戒を堅固に受持して清浄にして犯なかるべし」というのです。この場合、顕教と密教の戒があるのですが、空海はすべてを捨てないのです。ただ「是の如きの諸戒は十善を本となす」で、顕教・密教の戒というものはあっても、それは十善を本となすというのです。そして、「いわゆる十善とは、身三・口四・意三なり。末を摂して本に帰すれば一心を本とす」といい、十善戒もその本は一心だというのです。「一心の性《しょう》は仏と異なることなし」で、それは仏そのものということになる。そして「我心と衆生心と仏心との三、差なし」というのです。

「この心に住すれば、即ちこれ仏道を修す」と、この我が心、衆生の心、仏の心の三心平等の考え方に徹すれば、仏道を本当に修することになるのだというのです。

ですから、十善戒というのは『大日経』でも重視するが、弘法大師にいたっても、いろいろな戒は十善を本とするのだといっているのです。そして、十善の根底にあるものは一心であるということです。一心は清浄心《しょうじょうしん》という意味で、清浄心は仏心、仏そのものと変わらないのだというのです。

このような弘法大師の理解した十善戒は後の真言宗で常に重んじていますが、とくに江戸時代の中期の高僧慈雲《じうん》尊者は、十善戒を説いて多くの人々を教化しました。『十善法語』や『人となる道』といった著作があります。また明治時代の傑僧雲照律師が、目白僧院を中心として十善戒運動を展開し、多くの信者を教導したことも注目されます。

八　菩提心戒と従来の戒との関係

最後に、菩提心戒を保つということと従来のいろいろな戒との関係を考えていったらいいかという問題があります。諸戒には小乗の戒と大乗の戒があります。大乗戒では普通、梵網戒《ぼんもうかい》といって十重四十八軽戒《きょうかい》などという戒律がありますし、小乗戒では二百五十戒があります。そういう諸戒はすべて戒相というものを数え上げるのです。ですから、非常に煩わしいといってはまずいのですが、とにかく大変なのです。

ところが、菩提心戒となると、諸戒の成立の根源を戒としたもので、一番基本になるものです。菩提心があるからいろいろな戒も守れるということです。菩提心があることを自覚しないで戒だけを守ろうとしても、そこではついに守れないということも出てくるのです。心のもち方が一番問題であり、基本だということです。

つまり、戒律という問題がいろいろに制定され、実践され、論議されたとしても、最後に菩提心戒というものを心にすえない限り、個々の箇条をあれこれしても、それは一つの現象面にすぎないという考え方なのです。さまざまな現象の根底にあるもの、それが菩提心を自覚するということであり、それをむしろ戒として取り上げた方がいいというのが、密教戒なのです。

これを十善戒と菩提心戒との関係で考えてみると、たとえば扇子を開いた先の方が十善戒であり、その要《かなめ》のところが菩提心戒であると考えてよいと思います。扇子は要があってこそ開くことができるように、菩提心戒を守るからこそ十善戒を守ることができるわけです。

このような菩提心戒を考えますと、それは現代人に適合する、現代に生きる戒だともいえます。だれにも菩提心があり、これを忘れてはならない。これこそ自分の人間性の基本だということを忘れないということは素晴らしいことです。最近、心の問題ということがいろいろ論議されているなかで、最も基本的な問題がここに提起されているのではないかと思うのです。

九　四恩——知恩・報恩

つぎに注目すべきものは四恩《しおん》の教えです。一般的にいいますと、恩を知り、恩に報いるという恩の思想です。この四恩を空海は非常に強調しており、多くの著作のなかでたびたび説いています。

ところで、恩の思想はだれでもわかるものです。人はだれでも自分ひとりで生きていけるものではない。結局、父母、兄弟、家族や親戚、近隣、あるいは学校における先生(師)、上司、友人、先輩、後輩など、広く社会の人々のなかで生活をいとなんでいます。ですから、そういう自分をとり巻くすべての人々、あるいは天地自然の恵みというところまで含めて考えて、確かに一つの社会環境、自然環境のなかで生かされて初めて自分は生きているという受け取り方が、恩の思想です。

これを知恩《ちおん》・報恩《ほうおん》といい、仏教思想の流れのなかを探してみると、すでに原始仏教経典にあります。また、大乗仏教の菩薩道のところにも「知恩・報恩は菩薩行である」という言葉がはっきり出ているのです。ところで、大乗仏教でも後期大乗経典に属する『大乗本生心地観経《だいじょうほんしょうしんじかんぎょう》』ではこの恩を四つにまとめており、弘法大師はその思想を直接的にはとり入れているのです。

四恩の一番目は父母の恩です。これは申すまでもありません。

二番目が衆生(人々)の恩です。この衆生のなかに父母以外のすべての人々を網羅しているのです。ですから、師の恩とかいろいろな人々の恩をすべてここへ入れてしまうのです。

三番目が国王の恩という考え方です。その時代は国王と考えられたのですが、今日的にいえば国の恩といってもいいと思います。たとえば海外旅行をしますとパスポートにまったく頼らざるを得ないので、国の恩のことはよくわかります。日本国政府が身分、生命、財産を保証するということがあって初めて安心して海外旅行ができるのです。

最後に三宝《さんぼう》の恩です。これは仏・法・僧の三宝といい、仏教の教えに導かれて私たちは正しい生活ができるのだという仏教の信仰を基盤にして、それをありがたく思うということです。それも恩だと考えるのです。

これで四つの恩ということですが、私たちが思い当たるすべての恩をこれで網羅していると思います。あれだけ偉い弘法大師でも、多くの人々の恩を受けたということを書き記しております。そのなかでも父母の恩を非常に強調しています。また、師の恩についても非常に多くふれています。とくに恵果《けいか》和尚——中国の直接の師匠の恩は生涯忘れていない。空海が中国から帰ってきてから書いた数多くの文章のなかには、恵果阿闍梨《あじゃり》のことを思い起こして感謝しているものが十くらいあり、いかにその恩を受けたことを感謝しているかということがうかがえます。しかも、それを多くの文章に書いているということは、あの時代の日本の社会の人々に向かって、恩を知り、恩に報いるということを忘れては、人間の社会生活というものはうまくいかないのだということを教えているようにも受けとれるのです。

恩とは人と人との関係ということでもありますが、この関係とは仏教でいえば「縁」という思想です。人と人との関係をよい縁で結ぶ。何も結婚だけが良縁という言葉ではありません。会社の人々でも、あるいは近所や町内の人々の関係でも、すべてうまくいっているということは良き縁なのです。仏教で説く縁というのは非常に深く、しかも非常に広い意味をもっています。知恩・報恩、生かされて生きるという自覚をもつということの背景には、仏教の思想としては縁の思想があるのです。縁ということがその人によくわかっているときに、感謝の気持ちが出てくるのです。

また、実際に恩を受けた人に対して恩を返そうと思うとき、その恩人がすでに亡くなっているということがあります。そこで追善供養をして恩に報いるということもあるのです。仏教的な報恩の思想には、直接的な恩返しと追善供養との二つの面があります。

十　四摂の利他行

次は社会倫理としての四摂法《ししょうぼう》を実践することです。摂するというのは自分の方へ引きよせる、人間関係をうまくするという意味です。つまり人間関係をよくする四つの方法ということであり、社会倫理といってもいいと思います。これは大きくいえば大乗の菩薩の利他行で、人のために尽くすということです。これも社会倫理としてはいろいろありますが、そのなかでとくにこの四摂法を取り出して、これを実践すべきであるということを説いているのです。

これも恩の思想と同じように、なにも密教だけではなく、原始仏教以来、大乗仏教においても盛んに強調して説かれたことです。密教の時代においても、社会生活としてはこれが一つの基本として取り入れられてきたのです。そして、この四摂法は、三昧耶戒を受けるときに必ず実践すべきものと規定されています。

布施

その第一が布施、施しをするということです。これには財施《ざいせ》と法施《ほっせ》との二つがあります。財施とは物質的な物あるいはお金を施すことです。法施というのは教えとか指導とか、精神的な施しのことです。ですから、布施は実際には物心両面の施しなのです。社会生活のなかで、いつも物心両面にわたる施しの精神をもって実践することを、心掛けなければならないというのです。大乗仏教のなかでも布施・持戒・忍辱《にんにく》・精進《しょうじん》・禅定《ぜんじょう》・智慧の六波羅蜜《ろっぱらみつ》は菩薩行のうちの一番重要な六つといわれます。そのうちでも最初のところに布施が出てくるのです。

人間関係のなかで、人の物心両面の布施行を除くと、家族関係であろうと社会の人々の関係であろうと、何も残らないかもしれません。どこかへ旅行しておみやげを買ってくるのでも、喜んでくれるだろうと思うから買ってくるのです。それもはやり布施行です。本当に困っている人の心のささえとなるのも、布施行です。そのくらい布施行というのは幅広いものです。いずれにしても、人間は物質と精神の両面の生活をしている以上、その生活のなかでよくしてあげるということが基本なのです。

愛語

二番目の愛語とは、やさしくおだやかな言葉というのですから、言葉をいつもいつくしんで、やさしく語りかける、ということです。『無量寿経』のなかに「和顔愛語」という有名な言葉が出てきます。この「愛語」とは、決して悪い言葉を使わないという意味も含まれます。裏を返すと口の四不善業をしないことです。これは十善戒のなかの「身《しん》三・口《く》四・意《い》三」といった口（言葉）の四つで、不妄語、不綺《き》語、不悪《あっ》口《く》、不両舌《りょうぜつ》をさします。つまり、愛語ということは四つの口の善戒を代表していると考えてよいのです。

利行

三番目の利行《りぎょう》というのは「利他行」という意味です。人のためになることは、何でも進んでやるということです。これも幅は非常に広いのです。よく「大乗菩薩の利他行」

と一口にいいますが、人のためになる仕事というのはいろいろあるのです。大乗戒を三《さん》聚浄戒《じゅじょうかい》といい、そのなかの摂善法《しょうぜんほう》戒、饒益《にょうやく》有《う》情《じょう》戒の二つがそれにあたります。いいことは何でもやっていく。饒益というのは人のためになる、有情というのは人々で、人々のためになることは何でもやっていくことが、大乗の戒律だといっているのです。そういうものも、全部「利行」というなかに含まれるわけです。『瑜伽《ゆが》論』という書物には、三十幾つかの利他行が並べてあります。それはインドの社会を浮き彫りにしていると思うのですが、インドの社会のなかで貧しい人をどうして救うか、生活に困る人をどういうふうに救い上げるか、病気の人をどうするか、旅人にどういうことをするかなどを数えると三十幾つあって、四世紀から五世紀ころのインドの社会の状態がほうふつと思い浮かべられるのです。そういうものもすべて利行というなかにありますし、今日的には私たちが対人関係でいつでも人に何かしてあげるという精神が大事だということであり、これこそが仏教の精神なのです。

同事

四番目の同事《どうじ》とは、相手の人と同じ立場に立って考え、その人のためになることに積極的に協力することです。人との関係でトラブルが起こるのは、大体相手の立場に立つということをわきまえていないからです。親子の関係では、息子の心を知らない親父さんだったら断絶もあるでしょうし、逆の場合もある。また、姑さん、お嫁さんその他いろいろな関係のなかで、相手がどういう立場で、どう苦しんで、どう考えているかまで見抜いてその人に接することができるなら、それはうまくいくはずです。それがわからずにただ自分だけの立場から相手をどなりつけたり、いつも悪口だけ、一方的に攻撃するようなことでは喧嘩が絶えないわけです。そういうことのないように、というのがこの同事ということです。

これはインドの仏教思想ですが、さすがに今日的にもぴたりと当たるような四つの項目をとり上げています。ですから、仏教思想のなかでも非常にいい思想というか、まとまった考え方というのは古くして新しいものです。初期の仏教思想のなかでこの四摂《ししょう》法《ぼう》の思想が成立し、大乗仏教の菩薩行でも大切なものとされています。密教時代になってもこの思想を取り上げているのです。こういうことで、四摂法を実践するということは仏教精神の発露であるともいえるし、仏教精神の具体的な実践はそこにあるともいえるでしょう。

そして今日的な意味でも、仏教思想は古いなどということはいえないのです。人間の社会生活の在り方というものを鮮やかに示していると思います。

いままで即身成仏への道と題して、日常生活において、三宝に帰依し、菩提心をおこし、菩提心戒をたもち、十善戒や四重禁戒をまもり、対人関係の四恩や四摂法などの実践をなすべきことをお話ししてきました。そこでつぎに即身成仏への最も直接的な重要な修行についてお話ししたいのです。それは「三密加持の修行」です。しかしこの修行の方法はつぎの即身成仏思想の章で詳しく申し上げることにいたします。

第七章　即身成仏思想――原理と実践

一　即身成仏思想の源流

一般的にいえば、仏教は仏陀の教えであるとともに、成仏の教えであるともいえます。ことに大乗仏教においては、成仏思想がその中核をなしています。しかし成仏思想にも諸類型があり、諸経論によってそれぞれ強調するところを異にしています。とくに心《しん》性《しょう》本浄《ほんじょう》とか、仏性《ぶっしょう》とか如来蔵《にょらいぞう》とか菩提心《ぼだいしん》とか本覚《ほんがく》などを説く中期から後期の大乗仏教では、成仏の可能性についての思想が著しく発展し、その後、これらの思想は密教経典のなかに受けつがれ、新しい密教の行法を通して、現身における速疾《そくしつ》成仏の可能性が強調されるようになったのです。その主要な経論は、『大日経』と『金剛頂経』と『菩提心論』などです。

これらの経論を所依として成立した中国密教では密教の特色を即身成仏と攘災招福《じょうさいしょうふく》であるとしましたが、しかしとくに即身成仏思想を組織的に考察するまでには至らなかったのです。

空海は入唐求法《にっとうぐほう》して恵果阿闍梨《けいかあじゃり》に師事し、即身成仏を強調することこそ密教思想の特色であることを学び、帰国後早々の『御請来《ごしょうらい》目録』や、弘仁六年の書簡や、『弁顕密二教論』などに、しばしば即身成仏ということを述べていますが、その思想構造については論述していないのです。

二 『即身成仏義』の成立

しかし空海はやがて『即身成仏義』一巻を著わして、初めて即身成仏の理論と実践の体系を明らかにしたのです。この『即身成仏義』は、初めに多くの経論には三劫成仏《さんごうじょうぶつ》

（無数の長い時間を経て成仏する）を説くが、密教の経論には即身成仏を説いているとし、二経一論八箇の証文（『金剛頂経』四文、『大日経』二文、『菩提心論』二文）をあげ、ついで、

「六大《ろくだい》無礙《むげ》にして常に瑜伽《ゆが》なり、四種曼荼各々離れず、
三密加持すれば速疾《そくしつ》に顕《あらわ》る、重重帝網《じゅうじゅうたいもう》なるを即身と名づく。
法然に薩般若《さはんにゃ》を具足し、心数心王刹塵《しんずしんのうせつじん》に過ぎたり、
各々五智無際智《むざいち》を具す、円鏡力《えんきょうりき》の故に実覚智なり。」

という二頌《じゅ》八句を掲げ、これを解説したものです。この頌は唐の恵果の説いたものとなす説（『異本即身成仏義』）もあるが、おそらく空海の独創的識見によって組織立てられたものと見るべきであります。

三　六大無礙

六大

まず第一頌のはじめに「六大無礙にして常に瑜伽なり」と解きますが、六大とは地・水・火・風・空の五大と識《しき》とを合せたものですが、それは原始仏教以来説かれている万有の元素としての地・水・火・風・空・識の六界説と言葉は同じだが、異なる思想です。六大思想の成立過程を考えてみると、『大日経』「住心品」では、一切智智のさとりについて、地のごとし、水のごとし、乃至《ないし》火・風・空のごとしと説いており、ここでは地・水・火・風・空の五大が絶対のさとりの境地の譬喩的表現であることが理解されます。

しかし他方またインド密教経典のなかには、この五大思想は、五字、五色、五輪、五仏、五智などに配する思想へと発展しておりまして、五大思想そのものは、すでにインド密教における重要な思想となっているのです。しかしこの五大に識を加えた六大思想はインド密教経典のなかには見出せないのです。しかるに空海に至ってはじめて六大思想が構成されたのです。

六大体大・六大能生

この六大は法性《ほっしょう》、空性《くうしょう》と異なるものでないとし、その普遍性、絶対性を強調するために、体《たい》・相《そう》・用《ゆう》の三大思想を導入して、六大体大といい、六大周遍法界《ほっかい》といい、六大法界体性《たいしょう》といい、またそれがすべての存在根拠であると考える点から、六大能生《のうしょう》ともいうのです。そしてこれに対して四種法身《ほっしん》（自性《じしょう》法身・受用《じゅよう》法身・変化《へんげ》法身・等流《とうる》法身）、四種曼荼羅（大・三昧耶《さんまや》・法・羯磨《かつま》）、三種世間（人間・仏・世界）、十界（六凡・四聖《しょう》）などを所生《しょしょう》とも所造ともいうのです。

しかしこの能生と所生の関係は、ただものを生ずる、生ぜられるという因果関係を考えるのでなく、根源的なものと現象的なものとの論理的関係が考えられるのであり、本来的には能所の対立を考えるべきではないというのです。

この点を空海は「能所二生ありといえども、すべて能所を絶せり。法爾《ほうに》の道理に何の造作かあらん。能所等の名はみな密号なり、常途浅略の義を執して種々の戯論《けろん》をなすべからず」と注意しています。ここに所生が能生に対する所生ではなくして、能生と相即し、能生と不離なる所生であり、能所不二なる所生であることが考えられているのです。それは体大を離れて相大としての所生ではなくして、体大の現われとしての所生の法であり、不生《ふしょう》の生であることを意味していると考えられます。

六大無礙

つぎに「六大無礙にして常に瑜伽なり」ということの意味には、二つの意味が考えられます。第一に六大は五大と識大であり、それは心即色《しき》、色即心、あるいは智即境、境即智、あるいは智即理、理即智の構造をもつから、六大が相互に無障《むしょう》無礙《むげ》で相応（瑜伽）しているという意味があります。

第二には六大法界体性所成《ろくだいほっかいたいしょうしょじょう》の身たる四種法身・三種世間・十界の一切諸法は各々の自体が六大所生であって、わが身も他の身もすべて仏身と相互に渉入し相応して無礙であるという意味があります。そしてこの点から凡聖《ぼんしょう》不二・衆生即仏の原理が成り立つという意味が含まれているのです。六大無礙という思想はこのような二重構造をもつものであり、即身成仏の可能性の原理がここに明確にされているのです。これは従来の即身成仏思想のうちには見出されない思想であって、空海の独創的な思想と考えるべきです。

六大縁起

なお六大法界体性という思想は、仏陀観や人間観や世界観の相対的な立場を越えて、それらを成立せしめている絶対性を追求することとなり、ここにわが国の思想史上に大きな哲学的課題を提起することになりました。この絶対性の追求を宇宙生命の哲学と名づける学者もいますが、ともかく宇宙の根源的なものに眼を向けたことは、空海の六大思想の一大特質とみるべきであります。空海以後の真言教学では、六大法界体性が一切法の成立の根拠と考えられる点に縁起思想を導入して、六大縁起の思想と呼びますが、仏教の縁起思想史上注目すべき思想であります。

四　四曼各不離

四種曼荼羅

つぎに「四種曼荼各々離れず」と説くが、四種曼荼羅とは、大曼荼羅・三昧耶曼荼羅・法曼荼羅・羯磨曼荼羅の四種の曼荼羅をさすのです。この四種曼荼羅思想はすでに『金剛頂経』に説かれていますが、空海はそれらの思想をうけて具体的に解説しています。この四種曼荼羅については前にも述べましたが、もう一度ふれたいと思います。

まず大曼荼羅とは仏・菩薩などの相好具足《そうごうぐそく》の身と、それを綵画したものであります。三昧耶曼荼羅は仏・菩薩などの本誓《ほんぜい》を表わすところの所持する刀剣・輪宝・金剛杵《しょ》・蓮華などと、それらを画いたもの、および印契《いんげい》とであり、法曼荼羅は諸尊の種子《しゅじ》・真言と、それを画いたものです。羯磨曼荼羅は諸尊の活動の状態、また金・石・木・土などの彫像であり、前者を大・三昧耶・法の三曼荼羅に通ずる意味で通三羯磨といい、後者を別体羯磨といいます。

このような四種曼荼羅の考え方は、大曼荼羅の諸仏菩薩を基本として、それを所持物・印契などの標幟で表現し、あるいは種子・真言で表現し、あるいは立体的な彫刻で表現したものであり、それは表現形式の四種類なのです。

曼荼羅的世界観

ところがこのような四種曼荼羅思想も拡大解釈すれば、大曼荼羅は仏菩薩等のみならず、広く十界の有情のすべてに当てはめて考えられるのであり、これに伴って三昧耶曼荼羅は山川・草木・国土等をさすこともでき、法曼荼羅は一切の経典の大義やすべての言語・文字をさすのであり、羯磨曼荼羅は十界の有情の行・住・坐・臥のすべての動作をさすとも考えられます。このように考えてくると、世界のすべてのものは四種曼荼羅のいずれかに属するものと考えられ、すべてのものに曼荼羅的思想が施されうるのです。ここに密教の曼荼羅的世界観が成立するのです。

四曼各不離

ところでこのような四種曼荼羅は、具体的には四種でありつつ、しかもそれらは同一なるものの四種の表現形式に他ならないと考えられます。この点から空海は四種曼荼羅の関係を「各々不離」と説いています。

この四種曼荼羅の不離・相即・無礙ということの意味には、第一に四種曼荼羅のそれぞれが不離という意味が含まれているから、これによって本来的なものと象徴的なものとの不離、いいかえれば、仏とその象徴的表現形態との不離の意味があり、広くいえば人法《にんぼう》不離の一体観（異類不離）が成立するのです。

第二には仏の四種曼荼羅と凡夫の四種曼荼羅とが不離であるという意味も含まれているから、この点から衆生即仏、凡聖不二の一体観（同類不離）が成立するのです。したがってこの点からの即身成仏の可能性の原理が明確にされているのです。

五　三密加持

三密

つぎに「三密加持《さんみつかじ》すれば、速疾に顕る」と説くが、三密とは身密・口密・意密をいうのですが、それは法身《ほっしん》の身・口・意のはたらきは甚深微妙であり、等覚や十地の菩薩ですら見聞することができないから三密のはたらきと説かれています。

原始仏教以来、一般に人間（凡夫）の意識および行為経験は、身・口・意の三業とせられ、これを時には十善業や十悪業に分類することもあります。しかし密教では人間であっても、その本性からいえば、その三業《さんごう》は仏の三密と異なるものでないと考えられるが、しかし実践の場において、法身仏の三密と加持感応すれば、凡夫の三業が浄化されて、三業がそのまま三密となり、即身成仏すると考えるのです。このことを三密加持の妙行《みょうぎょう》というのです。

三密加持成仏

この三密加持の妙行は、インド密教におけるいろいろな修行体系のなかでも最も基本的なものとされ、多くの密教経典のなかでしばしば説かれています。そこで空海はそれらの経典に説かれている三密の修行に注目して、三密加持の修行の方法を示して、「もし真言行人あって、この義を観察《かんざつ》して、手に印契を作し、口に真言を誦し、心三摩地《さんまじ》に住すれば、三密相応して加持するが故に、早く大悉地《だいしつじ》（成就・成仏）を得」と説いています。これによれば、三密の妙行は具体的には、手に仏の本誓を示す印契を結び、口に仏の真実の教えである真言を唱え、心を静め清めて仏のさとりの境地に入るように努めることです。そしてこの修行を勧めていくと、仏の身・口・意の三密のはたらきと、修行者の身・口・意の三業とが加持感応して、修行者の三業が浄化されて三密にまで浄められ高められるのです。

ところでその加持とはどういう仏と修行者の関係をいうのであろうかということが問題になるわけですが、空海は加持を説明して、「加持とは如来の大悲と衆生の信心とを表わす。仏日の影、衆生の心水に現ずるを加といい、行者の心水よく仏日を感ずるを持と名づく」と説かれています。加持（アディスターナ adhiṣṭhāna）は元来、仏の加護・護念の意味を示す言葉でありますが、空海は加と持とを区別して、加は仏の大悲の力、持は衆生（人々）の信心の力とするのです。そして、この仏と修行者との関係についてわかりやすく、太陽（日）の光と、その光を映し現わす水面との関係のようなものだと説かれています。これをもう少しわかりやすく言えば、中秋の明月と、清らかな池の水との関係で考えてもよいでしょう。中秋の明月が大空に皓々と照り輝き、その明月がそのまま同じ光を清らかな水面に現わしている光景はまことに神秘的な感動を覚えますが、修行者が三密加持の妙行を修するとき、仏の大悲をそのまま修行者の心にうけとめて、仏と一体となる体験をする、これが、仏が我れに入り我れが仏と一体となる、入我我入の宗教的神秘体験と考えられるものです。

一般に諸宗派の信徒の人々が仏を拝むというときには、手を合掌して、口で南無阿弥陀仏、南無妙法蓮華経、南無観世音菩薩、などと唱え、心で仏・菩薩に帰依し、また祈願することが多く、これも三密行と考えてよいと思います。しかし即身成仏をめざす三密の妙行は、心を三摩地に住し、入我我入の神秘的体験をなすところに、信仰の深さの相違が認められるのです。そこで三密加持の妙行によって即身成仏することを「加持成仏」といいます。この加持成仏こそ空海の即身成仏思想の中核をなすものと考えられるのです。

六　即身の意味

つぎに即身成仏という場合、即身の意味には、「現身に速疾に」という意味があり、また譬喩的にいえば、「重重帝網《たいもう》なること」の意味があるとされています。それは帝釈《たいしゃく》天《てん》の宮殿にめぐらされている珠網の多くの珠の光が相互に照らし映じ合っているように、ということですが、具体的にはわが身と仏身と衆生身とが不同にして同であり、異にして不異であり、平等であることを即身と説くのです。したがって即身ということの意味には、「この身このまま」とか、「現身に速疾に」とかいう意味の他に、わが身と仏身と衆生身とが不異平等の関係にあることの意味も含まれているのです。

七　体・相・用の三大

以上が二頌《じゅ》八句のうち、第一頌の四句の要旨ですが、第一句から第三句までの六大と四曼と三密とは体《たい》・相《そう》・用《ゆう》の三大思想を根底として、六大体大、四曼相大、三密用大の思想を構成しているのです。この三大思想はおそらく『大乗起信論《きしん》』の三大思想にヒントを得たものと考えられます。そして、六大思想と四曼思想はそれぞれ深い思索にもとづく思想体系をもつものであるが、同時にまた即身成仏の可能性の原理をそこに見出そうとするのです。これに対して三密思想は即身成仏の修行の方面を明らかにしたものです。いずれにしてもこのような組織的な即身成仏思想は、インド密教や中国密教でも形成されたことはなく、空海のすぐれた思索と組織力によって新たに構成された即身成仏思想であり、ここに密教の日本的展開の顕著な一面が認められるのです。

八　一切智智・五智・実覚智

つぎに第二頌の四句は、即身成仏の心理的な方面を明確にしたものです。すでにインド仏教において成仏思想の発展に伴って、大乗仏教の菩薩道が説かれ、そのなかで一切皆成仏を主張しながら、成仏思想の心理的根拠を明らかにするために、悉有仏性《しつうぶっしょう》、如来蔵《にょらいぞう》、菩提心《ぼだいしん》、心真如《しんしんにょ》、本覚《ほんがく》、自性清浄心《じしょうしょうじょうしん》などの思想が説かれましたが、それに引き続いて成立した密教経典になると、さらに本有《ほんぬ》の浄菩提心、一切智智、五智などの思想が説かれるようになったのです。

そこで空海が新たに即身成仏思想を構成するにあたっても、心理論の立場からも即身成仏思想を明確にしようとしたのです。われわれの心が本来、一切智智を保有していることを示すために、『大日経』や『金剛頂経』の文をあげ、さらに一切智智（一切智のなかの最高智）の内容を具体的に五智、三十七智、無際《むざい》智となし、あるいは心王心所《しんのうしんじょ》のあらゆる心作をなすが、それらの智は法身如来の智であるとともに、同じく衆生の本有の智であることを明らかにしたのであります。そしてそれらの本有の智は三密加持の修行によって現証すれば、衆生がそのまま仏となり、仏智を体得する。これを実覚智というのです。

九　三種即身成仏

以上、空海の即身成仏の思想の概要を述べてきたのですが、『異本即身成仏義』という書物には三種即身成仏を説いています。それは理具《りぐ》成仏、加持《かじ》成仏、顕得《けんとく》成仏であります。理具成仏は初めから道理としてすでに仏になっているということです。加持成仏は三密加持の実践をすることによって成仏することです。さらに顕得成仏は完全に仏になりきっていることです。理具は成仏の可能性の原理を示すものであり、加持は三密加持の実践行によって到達した境地であり、顕得は成仏を顕証し体得した究竟の成仏をさすのです。この三種即身成仏の思想は空海の『即身成仏義』には説かれていないけれども、よく空海の思想の要旨をとらえているものと思います。

第八章　密教の特性

いままで、密教の経典の特色や密教思想の諸々相を見てきたのですが、最後に、密教の特性について考えてみたいと思います。これについてもいろいろな見方があると思いますが、五つの特性についてお話をしたいと思います。

一　神秘性（深秘性）

密教の特徴としては、第一に密教思想の神秘性あるいは深秘性ということがあります。これは究極性という人もいます。密教というと神秘的な体験が書いてあるとか、また、神秘的体験をすることが密教ではないかと考えられがちです。これは必ずしも正確な捉え方だとは思いませんが、事実、神秘性という表現で密教の体験の深さ、教えの深さを強調する面があります。

その一例としては三密加持《さんみつかじ》で、これは『大日経』でも強調しております。弘法大師空海の即身成仏思想のなかでも中心をなすものが三密加持の実践です。簡単にいうと、仏を拝むことによって仏の神秘的な、あるいは大慈大悲の力を自分が受けて、やがて仏と同じ心、境地にまで高められていく、それが三密加持の成仏であると説いています。ですから、密教というのは「入我我入」、仏が我れに入り我れが仏に入る、仏と一体になるということを強調しているのです。

三摩地行《さんまじぎょう》というのはサマーディ（samādhi）で、精神統一して心を純化することです。密教の行は、ほとんどこの三摩地行であるともいいます。仏を拝んだり修法をするといっても、その根底に、三摩地の境地に達していなければ意味がない。この三摩地（サマーディ）というのは、大乗仏教あるいは原始仏教でもいわれますが、精神統一の極致であり、それはその人にのみ体験される世界です。いわゆる神秘の世界といってもいいと思います。そういう思想を密教はもっているということです。

もう一つは法身説法《ほっしんせっぽう》をいいます。法身が説法をするというのは普通の仏教ではいわないことなのです。顕教《けんぎょう》では、法身というのは無色無形無説法で、姿もないし法も説かない、というのです。ところが密教では法身大日如来が説法するというのはいったいどういうことだろうということになりますが、普通の人にはうかがい知れない世界なのだ、仏が説き、仏や菩薩が聞いているという世界があるのだ、ということをいうために法身説法ということをいっているのです。そういう世界は普通の人のわからないところです。つまり、顕教と密教というときの顕教の立場では立ち入ることのできない、深秘の世界というものをあえて思想的にも強調し、実践によって体験できるということを説いたのが密教だと思うのです。それは『大日経』『金剛頂経』にもありますし、空海の思想のなかにもあるのです。

そういう意味で密教思想の神秘性ということは、特徴の一つとして挙げていいのではないかと思います。

二　象徴性

つぎには、密教の象徴性ということがあります。形のうえにあらわしながら、そのあらわれた形の意味づけをさまざまにやっていくというシンボリズム、象徴主義です。それは確かに目に触れるところでいくらでもあります。

その一つの例が四種曼荼羅です。これは前にくわしく申しましたが、曼荼羅には大曼荼羅、三昧耶《さんまや》曼荼羅、法曼荼羅、羯磨《かつま》曼荼羅と四種類あります。仏さまの姿形を表わしているのが大曼荼羅で、三昧耶曼荼羅とは仏の精神内容とでもいうべき本誓《ほんぜい》を仏の持ち物や印契《いんげい》で表わしたものです。法曼荼羅というのは種子《しゅじ》（種子曼荼羅）といいますが、仏、菩薩を梵字の一字で表わすことがよくあります。羯磨とはカルマ（karma）で仏の活動している状態をいいます。また、羯磨曼荼羅は彫刻など立体的に表現したものをいうことがあります。このように四種曼荼羅というのは曼荼羅の表現形式であり、仏についていえば仏の表現形式で、それを四つにあらわしているということです。

そのなかで特徴的なのは、印契や持物《じもつ》や真言の場合です。三昧耶曼荼羅というのは仏の精神内容をあらわすので、印を結ぶこと（印契）も三昧耶曼荼羅なのです。また不動明王は剣、観世音菩薩は蓮華の花、薬師如来は薬壺というように、仏さまはそれぞれ独自の持ち物を持っていることが多いのです。持たない場合は印を結ぶことが多く、それが三昧耶曼荼羅ということで、仏の精神を代表するもので仏そのものをあらわそうとしています。そこに象徴性が見られるわけです。

次に、法曼荼羅というのは梵字で仏を表わします。

梵字のア（𑖀）という字は何を表わすかといえば、本不生《ほんぶしょう》という絶対性を表わすとか、大日如来を象徴するとか、菩提心を表わすとされています。またキリク（𑖮𑖿𑖨𑖱𑖾）の一字で阿弥陀如来を表わすとか、カ（𑖎）の一字で地蔵菩薩を表わすなど、どんな仏・菩薩・明王でも梵字の一字で象徴的に示すことができるとするのです。つまり文字という記号を尊重し、記号の意味づけをするのです。

ここで三昧耶曼荼羅と法曼荼羅とが結合している一例として五輪塔婆《とうば》をあげましょう。真言宗その他のお寺で法事のときにお塔婆をあげますが、あれは五輪に刻んでありますから五輪塔婆なのです。五輪塔婆（五輪卒塔婆《そとば》）は仏の三昧耶形《ぎょう》というのです。五輪というのは五仏をあらわしています。表に胎蔵界の五仏の種子𑖏𑖮𑖨𑖪𑖀、裏に金剛界の大日如来の種子𑖪𑖽を書き、結局、それは六大法身だという解釈もありますが、これは法曼荼羅です。要するに塔婆の上は仏さまであり、下の方に戒名が書いてあるということは、仏と戒名とが一体になっている、つまり救われているということです。そういう宗教的な気持ちを何であらわしたらいいかと考えた末に出てきたものが、五輪塔婆であろうと思います。ある意味ではそこに象徴性が見られるわけです。

三　呪術性

呪術という言葉は非常に悪い響きをもつかもしれませんが、呪法とか呪経というお経まで実際に翻訳経典のなかに出てきており、「呪」という字は密教経典のなかで非常に多く使われております。

また、そういうものを唱える、あるいは陀羅尼《だらに》を唱えると、功徳が非常にあらわれるということを強調しているのです。

たとえば空海以前の奈良時代にも密教はむろんありました。奈良時代は、特定の人の名前は出てきませんが、民衆のなかに密教の信仰がかなり普及しており、それは一口にいうと陀羅尼信仰だったのです。陀羅尼を唱えれば病気が治るとか、盗賊が来ても難を避けることができるとか、いろいろな功徳があることで、陀羅尼信仰が行われたというのですが、奈良時代に伝わった密教経典、つまり雑部《ぞうぶ》密教の経典のなかにはそれを強調するものが非常に多いことが目立ちます。ですから、密教の一つの面、呪術的・呪法的な面というのは密教から切り離すわけにはいかない。やはり密教のなかにはそういう面もあるのです。

四　事相と教相

いずれの宗教でも、またいずれの仏教諸宗派でも、宗教である限り、教学的部門と実践的部門とがあることは事実です。しかし、密教ではとくにその実践部門で、修行や修法や観法や儀礼などきわだって多様な面があり、これをとくに事相《じそう》といい、密教の特色を示す重要な部門だとされています。

教相と事相という言葉は中国密教で用いられています。密教の教相とは密教の教理や教法や思想などを研究する部門ですが、広くいえば、事相の実践についても、その理論づけをすることが教相であるとされます。そこで、教相を離れた事相は形式化し、事相を離れた教相は空理空論だともいわれ、古来、事相と教相とは車の両輪、鳥の双翼のごとしといわれています。教相の部門は多くの密教関係の出版された書物によって公開され、いわゆる密教思想あるいは真言教学はこれを学ぶことができるのです。

これに対して事相というのは実践的に修行し、修法し、観法し、儀礼をなすことですから、それらを実践するための基本になる事相の次第（法式の次第）類は必要最少限、刊行され、あるいは筆写されて、修行や修法の当事者の手もとにあり、用いられています。しかしそれらの法式作法は必ず師から伝授されるべきものとされています。そこで一般の方々には縁のないものとなっています。ですから、密教は未公開の部分があってわかりにくいとか、親しめない部分があるとかよくいわれます。

そこで、ここでは密教の事相部門にはどんなものがあるか簡単にみてみましょう。

第一は、出家し、修行し、灌頂を受けるまでのいろいろな修行の方法を指導し、実践するものです。これには出家受戒の法や、四度加行《しどけぎょう》（十八道、金剛界、胎蔵界、護摩法の四つの修行）の法や、三昧耶戒、伝法灌頂などがあって、密教の事相のなかでも最も重要なものです。

第二は、多くの本尊を供養し祈願する法で、たとえば観音法、薬師法、不動法など多くの諸尊法があります。また経典を講讃するために仁王経法、理趣経法などがあります。

第三には、釈尊の成道会、涅槃会、宗祖の降誕会《ごうたんかい》、御影供《みえいく》、その他大般若会、彼岸会などがあります。

第四は、葬儀、年忌法要、盆会など、人の死と追善に関する一連の行事も事相の部門に属するのです。

第五には、悉曇《しったん》と声明《しょうみょう》も事相部門です。悉曇は梵字のことで、この梵字で真言を書き、あるいは諸尊の記号の字（種子《しゅじ》）を書くのです。また声明は経文に音曲をつけて唱える仏教音楽であり、さまざまな法要はほとんど声明つきの法要となっています。

五　攘災招福と即身成仏

最後に、密教を大きくとらえて、密教は何をめざして活動する宗教であるか。これは空海が恵果《けいか》から学んだ密教の特質をとらえて、密教には攘災招福《じょうさいしょうぷく》と即身成仏の二面性があることを明言しています（『性霊集《しょうりょうしゅう》』巻五）。

攘災招福

空海の言葉によれば、「氛《わざわい》を攘《はら》い、祉《さいわい》を招く摩尼《まに》」というのですが、確かに多くの密教経典には、現世利益《げんぜりやく》的な信仰を説くものが多く、諸尊に帰依し、礼拝し、祈願するなかで、とくに陀羅尼の功徳が強調されているのです。したがって、おそらくインド密教も中国密教も、そして現にわが国に伝えられた密教でも、密教の幅広い民衆信仰としては、この攘災招福の現世利益的信仰の形態が見られるのです。これは密教の特色の一面ですが、また多分に人々の信仰のなかで、現世利益的信仰を求める宗教的意識があり、密教的信仰を受け入れたからであるとも考えられます。

しかしこのような現世利益的信仰はすでに大乗仏教の諸仏・諸菩薩の信仰のなかでも見られるのです。例えば薬師如来や観世音菩薩や、地蔵菩薩など、いずれも人々を救済する誓願を立てられています。そこでこれらの仏・菩薩に祈願すれば、さまざまな願を叶えていただけると信じて、そこに現世利益的信仰が広く行われているのです。この傾向は密教になると一層に盛んになってきたのです。密教になると観音信仰でも、従来の聖《しょう》観音の信仰から進んで、千手《せんじゅ》観音や十一面観音や不空羂索《ふくうけんざく》観音や如意輪《にょいりん》観音などの変化《へんげ》観音の信仰へ進み、また新たに不動明王や降三世《ごうさんぜ》明王や愛染明王など多くの明王の信仰が成立し、さらに毘沙門天《びしゃもんてん》や聖天や弁財天など多くの天の信仰も成立し、密教の多彩な信仰形態が見られるのですが、そこには諸願成就を祈願する現世利益的信仰が展開しているのです。

今日、日本仏教の諸宗派の寺院を見るとき、葬儀・法要を営む菩提《ぼだい》寺と、現世利益的な諸願成就を祈願する祈願寺とに区別されますが、その祈願寺の多くは真言密教（真言宗）と天台密教（天台宗）のお寺です。このように見てくると、密教の特色の一つに攘災招福の祈願をなすということがあるのです。

速疾成仏・即身成仏

即身成仏思想については、前に述べた通りですが、ここでは攘災招福と対比して即身成仏思想も密教の最重要な一面であることをお話ししたいと思います。

空海の言葉では「凡を脱《のが》れ聖《しょう》に入る嘘径《きょけい》なり」と説かれていますが、これは密教、ことに『大日経』、『金剛頂経』に説くところの純粋密教では、凡夫（人）から聖者（仏）になる最も速い近路であるということで、速疾成仏、即身成仏こそ、もう一つの密教の特色であるというのです。成仏を目ざすことは仏教である限り、小乗仏教でも大乗仏教でも基本的には異ならないのですが、小乗仏教は成仏を目指しながら、それは不可能だから、せめて煩悩だけは断じて阿羅漢《あらかん》になろうとした。これに対して大乗仏教はすべての人々が成仏できるとしながらも、実際にはこの世での成仏は容易ではないとした。そうした成仏へのあこがれ、願いのなかで、純粋密教では、三密加持の行によれば、速やかにこの身のまま成仏できると主張したのです。後に空海は自ら『即身成仏義』を著わして、即身成仏の理論と実践を明らかにしたのです。

このように見てくると、密教は確かに攘災招福の現世利益的信仰の一面と、大乗仏教の延長線上に即身成仏の思想を展開し、人間がこの人生において、何を目指し、どのように真実に生きる道を歩むべきかを明らかにしているのです。

本書は『密教入門』（一九九一年刊）の改題新版である。

〈著者略歴〉

勝又俊教（かつまた・しゅんきょう）

1909年、新潟県に生まれる。東京大学文学部印度哲学科卒。大正大学名誉教授、文学博士。1994年逝去。

著書に『仏教における心識説の研究』『唯識思想と密教』『密教の日本的展開』『弘法大師の思想とその源流』『弘法大師著作全集』全3巻など多数。

スタディーズ　密教

二〇一八年五月二〇日　初版第一刷発行

著　者　勝又俊教

発行者　澤畑吉和

発行所　株式会社春秋社

東京都千代田区外神田二―一八―六（〒一〇一―〇〇二一）

電話　〇三―三二五五―九六一一

振替　〇〇一八〇―六―二四八六一

http://www.shunjusha.co.jp/

装　幀　美柑和俊

印刷所　信毎書籍印刷株式会社

定価はカバー等に表示してあります

 ISBN 978-4-393-13435-1

平川　彰
スタディーズ　仏教

仏教的なものの見方「般若の智慧」をキーワードに、基本となる無常・空・無我・縁起の思想と、仏教を構成する仏法僧の三宝について詳述する入門書。

2000円

梶山雄一
スタディーズ　空

大乗仏教を代表する空の思想を、開祖のブッダから部派仏教、大成者の龍樹へという流れに沿いながら、縁起・輪廻との関係から、その関係性の論理を明らかにする。

2000円

高崎直道
スタディーズ　唯識

われわれの知っている世界はすべて情報にすぎない。仏教の教えの中で認識を徹底的に追究した唯識思想を、『中辺分別論』をテキストにして根底から説き明かす。

2000円

玉城康四郎
スタディーズ　華厳

『六十華厳』の中から、幾編かを精選し、広大無辺な仏の悟りの世界、そこへ至る菩薩の修行の道、華厳思想の特色、中国・日本における華厳宗の展開までをやさしく語る。

2000円

勝又俊教
スタディーズ　密教

インドに起こり、日本で発展した密教とはどのようなものか。密教のあらましを歴史・経典・真言等あらゆる方面から論じ、密教思想と空海の全面的把握を目指した書。

2000円

▼価格は税別